한국어능력시험

TOPIK 말하기

다락원

한국어능력시험 TOPIK 말하기 합격특강

지은이 강은정, 이연진
펴낸이 정규도
펴낸곳 (주)다락원

초판 1쇄 발행 2024년 11월 20일

기획 권혁주, 김태광
편집 이후춘, 김효은, 박소영

디자인 최예원, 김희정
일러스트 오정경

다락원
경기도 파주시 문발로 211
내용문의: (02)736-2031 **내선** 291~296
구입문의: (02)736-2031 **내선** 250~252
Fax: (02)732-2037
출판등록 1977년 9월 16일 제406-2008-000007호

ISBN: 978-89-277-7440-2 13710

http://www.darakwon.co.kr

다락원 홈페이지를 방문하시면 상세한 출판 정보와 함께 MP3 자료 등 다양한 어학 정보를 얻으실 수 있습니다.

한국어능력시험

TOPIK 말하기

머리말

〈합격특강 TOPIK 말하기〉 교재는 한국어능력시험(TOPIK) 말하기 평가 대비서입니다.
여러분이 시험을 준비하면서 가장 중요한 것은 시험 문제의 경향에 대한 파악입니다. 말하기 평가는 2022년 11월부터 시행되었기 때문에 역사가 짧은 만큼 기출 문제도 적고 정보도 많지 않습니다. 혼자서 문제를 파악하여 시험을 준비하는 것은 힘든 일입니다. 따라서 여러분이 시험에 대비할 수 있도록 **각 어학당의 교재와 토픽 시험에 자주 나오는 주제를 선별**하여 연습 문제를 만들었습니다.

좋은 점수를 얻기 위해서는 질문을 듣고 제한 시간 안에 적절하게 대답을 해야 합니다. 질문의 주제는 개인적인 문제를 넘어 사회, 문화 등 다양하고 넓은 영역으로 출제됩니다. 또한 유형별로 질문의 수준이 다르고 대답하는 방식이 다른 만큼 충분한 연습이 필요합니다.

말하기 시험 준비를 잘 할 수 있도록 각 유형별 특징에 맞춰 연습을 정리했습니다. 주제에 맞는 관련 어휘와 표현, 발음하기 어려운 숫자와 단어 등도 제시되어 있으니 듣고 익숙해질 때까지 따라하시기 바랍니다. 유형별 연습을 한 후에 실전 모의고사를 통해 제한 시간을 두고 시험 상황을 연습해 보십시오.

혼자 공부하다가 보면 자신이 잘 하고 있는지, 어떻게 말하면 좋을지 방향을 잃고 포기하게 될 때가 있습니다. 이렇게 힘들어 하는 분들을 위해 **저자가 피드백을 제공**하려고 합니다. 여러분들은 저자의 피드백을 통해 문제점을 수정하고 자신감을 가지고 실력을 쌓을 수 있는 기회가 되었으면 합니다.

[유형1]부터 [유형6], 그리고 3회분의 [실전 모의고사]까지 충분히 연습하여 여러분이 생각한 목표를 이루십시오. 〈합격특강 TOPIK 말하기〉 교재를 통해 좋은 성적을 거둘 수 있도록 응원하겠습니다.

2024년 9월 저자 강은정, 이연진 올림

TOPIK 말하기 시험 소개

01 시험 목적

한국어 의사소통 능력을 평가하는 말하기 시험입니다. 시험 결과를 국내 대학 입학 및 취업 등에 활용할 수 있으며 재외동포와 외국인을 대상으로 하는 시험입니다.

02 시험 시간: 30분

03 시험 문항: 6문제

- **문항 구성**

문항	난이도	유형	준비 시간	답변 시간
1	초급	질문에 대답하기	20초	30초
2		그림 보고 역할 수행하기	30초	40초
3	중급	그림 보고 이야기하기	40초	60초
4		대화 완성하기	40초	60초
5	고급	자료 해석하기	70초	80초
6		의견 제시하기	70초	80초

04 시험 등급: 1급 ~ 6급

불합격	1급	2급	3급	4급	5급	6급
0~19점	20~49점	50~89점	90~109점	110~129점	130~159점	160~200점

05 시험 총점: 200점

06 응시료: 80,000원

07 시험 일정: 3월, 6월, 10월 (2025년 기준)

※ 한국어능력시험 홈페이지(www.topik.go.kr)에서 시험 일정을 확인하십시오.

08 유효기간: 성적 발표일로부터 2년간 유효

09 시험 준비물: 수험표, 신분증 지참, 연필(볼펜)

※ 휴대전화, 이어폰, 스마트워치 등 모든 전자기기는 사용할 수 없습니다.

10 주의 사항 : 시험 보기 전에 꼭 읽어 보세요.

❶ **시험 보기 전에 헤드폰과 마이크가 잘 되는지 확인합니다.**

❷ **시험을 볼 때 질문과 답변을 꼭 메모하십시오.**
- 질문은 컴퓨터 화면에 보이지 않고, 다시 들을 수 없습니다.
- 메모를 해야 시간 안에 질문에 대한 대답을 순서대로 말할 수 있습니다.

❸ **시험이 끝난 후에 녹음 파일을 들어볼 수는 있지만 다시 녹음할 수는 없습니다.**
- 따라서 준비한 내용을 시간 안에 대답해야 합니다.

11 시험 순서 미리 보기

시험 전 연습

1번 문제

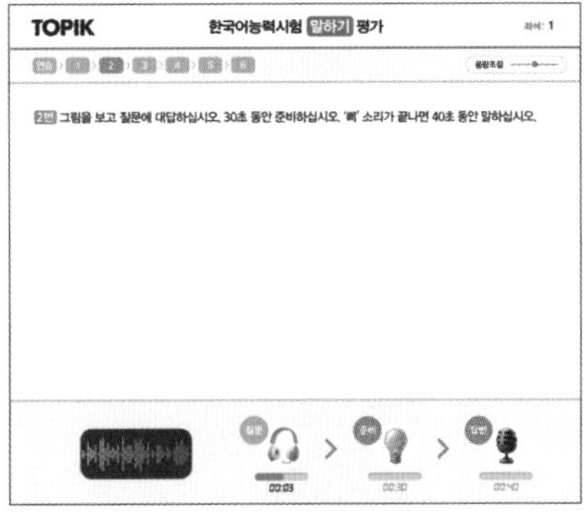

2번 문제

2번 문제 그림

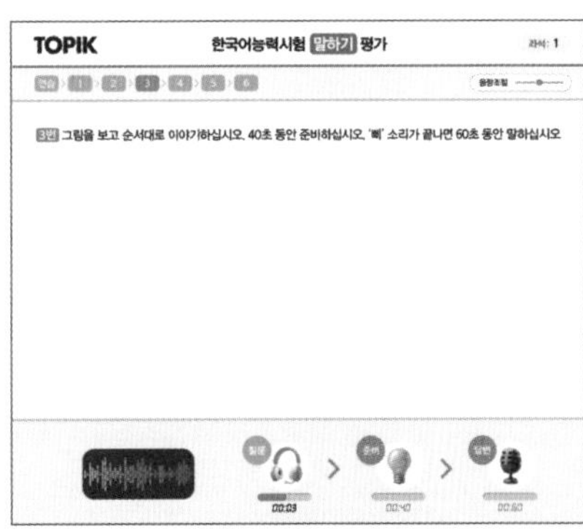

3번 문제

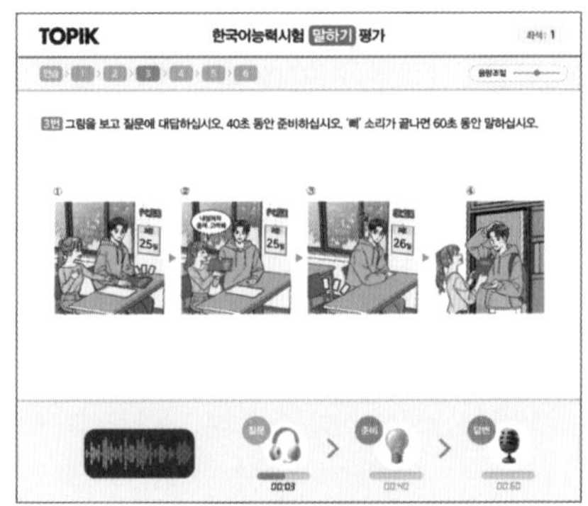

3번 문제 그림

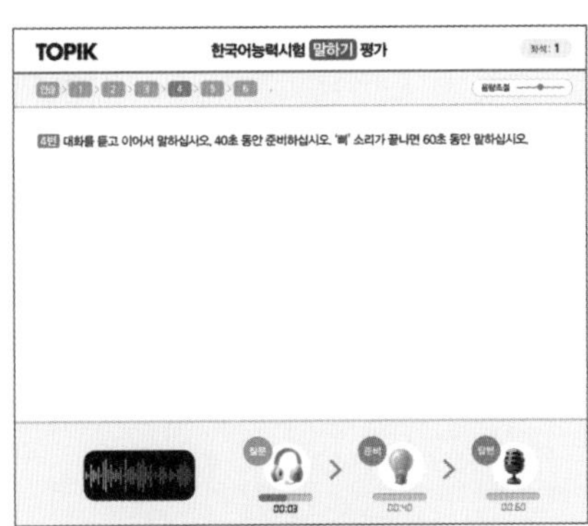

4번 문제

4번 문제 그림

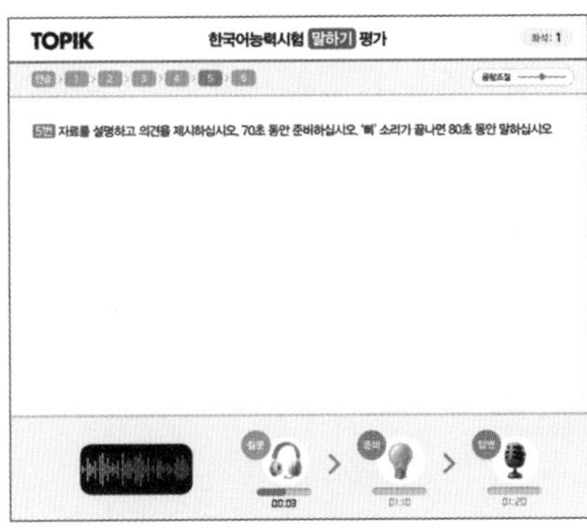

5번 문제

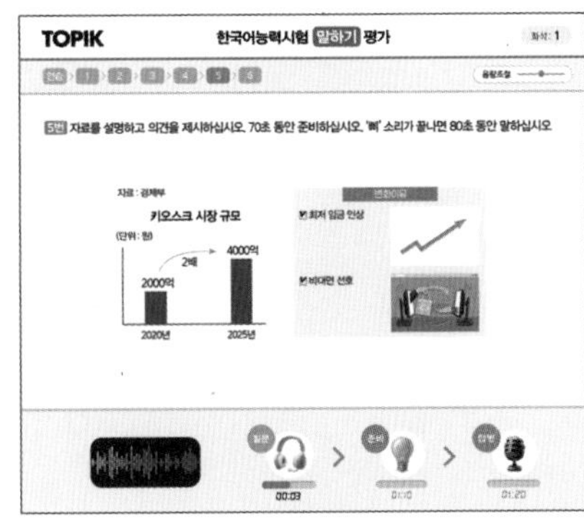

5번 문제 그림

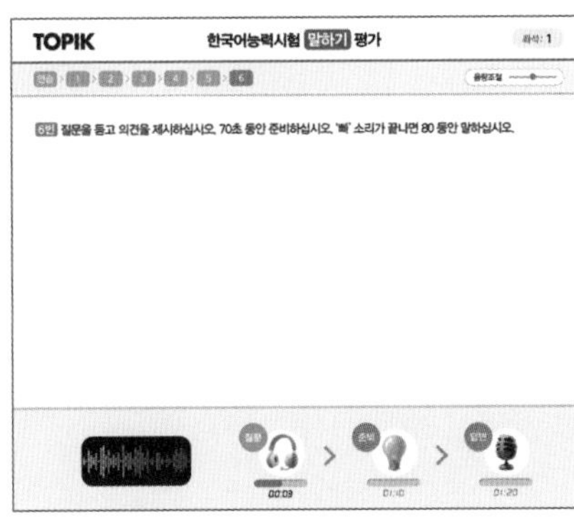

6번 문제

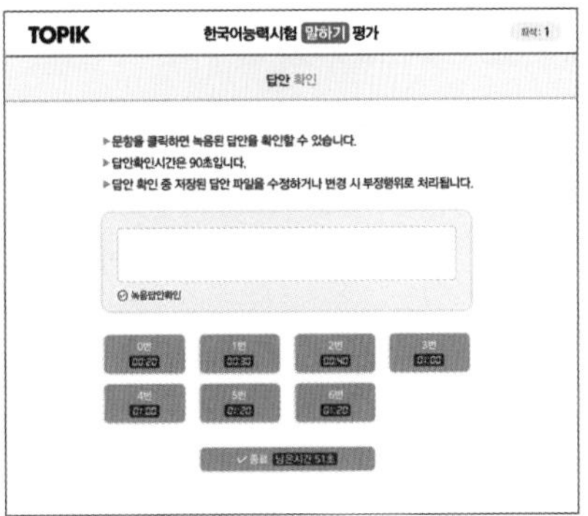

답안 녹음 파일 확인

일러두기

Strategy

각 유형마다 '문제의 형식'과 '답변해야 하는 방식'이 다릅니다. 따라서 고득점을 받을 수 있도록 각 유형을 분석하여 1번부터 6번까지 알맞은 학습 전략을 제시하였습니다.

'질문의 주제', '대답 시간', '답변 문장 수', '필수 표현' 등이 잘 정리되어 있으므로 학습하기 전에 먼저 전략을 숙지하시기 바랍니다.

Training

각 유형에서 '알아야 할 주제', '시험에 자주 나오는 대화 상황', '필수 어휘와 표현'을 반영한 기초~심화까지의 문제입니다. 혼자서도 완성된 답변을 연습할 수 있도록 단계별로 연습 방법을 제시했습니다. Training을 통해 체계적으로 연습하면 시험 준비를 꼼꼼히 할 수 있을 뿐만 아니라 말하기 능력을 향상시킬 수 있습니다.

Speak up

기출 문항을 반영한 실전 문제입니다. Training에서 연습을 충분히 한 후에 유형별로 시험 시간과 동일하게 연습을 하십시오. QR코드를 스캔하여 음성을 듣고 질문의 키워드를 정리한 후에 답변을 메모하십시오. 작성한 답변을 녹음한 후에 자연스럽게 말할 수 있을 때까지 여러 번 반복하여 연습하십시오.

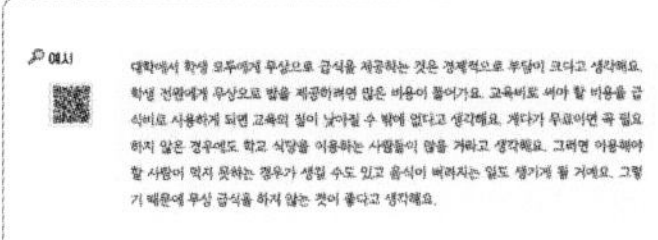

예시

대학에서 학생 모두에게 무상으로 급식을 제공하는 것은 경제적으로 부담이 크다고 생각해요. 학생 전원에게 무상으로 밥을 제공하려면 많은 비용이 들어가요. 교육비로 써야 할 비용을 급식비로 사용하게 되면 교육의 질이 낮아질 수 밖에 없다고 생각해요. 게다가 무료이면 꼭 필요하지 않은 경우에도 학교 식당을 이용하는 사람들이 많을 거라고 생각해요. 그러면 이용해야 할 사람이 먹지 못하는 경우가 생길 수도 있고 음식이 버려지는 일도 생기게 될 거예요. 그렇기 때문에 무상 급식을 하지 않는 것이 좋다고 생각해요.

예시

시험에서도 100% 활용 가능한 답변을 제시하였습니다. 예시와 자신이 준비한 답변을 비교하여 '문장 및 표현', '답변 내용', '문장 수' 등을 점검하고 개선할 수 있습니다. 모범 예시를 통해서 답변 방식뿐만 아니라 표현력과 아이디어를 얻으십시오.

■ 도표 설명하기

통계청 자료에 따르면 TV를 시청하는 시간이 2020년에 10시간에서 2025년에는 5시간으로 크게 줄어들었습니다.

■ 이유 설명하기

이유 ①

이렇게 TV를 시청하는 시간이 크게 줄어든 이유는 첫째, 유튜브, 넷플릭스 등 다양한 플랫폼이 등장했기 때문입니다.

이유 ②

둘째, TV에서 다루는 콘텐츠보다 유튜브나 넷플릭스 등의 플랫폼에서는 다양한 주제로 만들어진 영상들이 많기 때문입니다.

■ 전망 말하기

앞으로 사람들이 TV를 보는 시간은 점점 더 줄어들 것으로 보입니다.

◎ 숫자 읽기: 2020년 → 이천이십년 | 10시간 → 열시간 | 2025년 → 이천이십오년 | 5시간 → 다섯 시간

발음 따라하기/숫자 읽기

녹음 파일을 들으면서 한국인의 발음과 억양을 따라 말하는 연습을 할 수 있습니다. [유형 5]에 많이 등장하는 숫자 읽기도 따라해 보십시오. 녹음된 답변의 발음과 억양을 반복해서 따라 읽으면 시험에서 긴장하지 않고 자신감 있게 말할 수 있습니다.

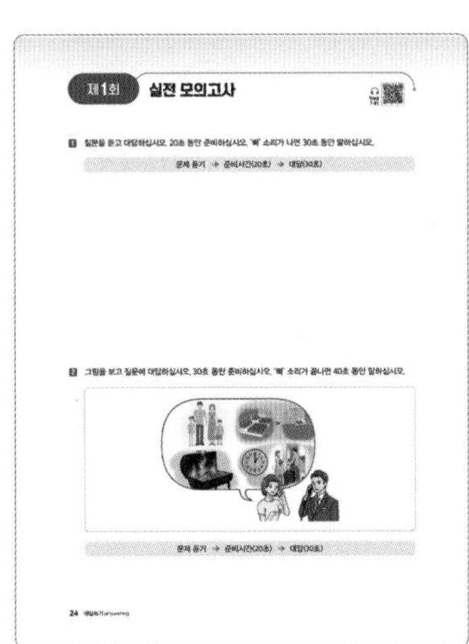

제1회 실전 모의고사

실전 모의고사

한국어능력시험의 기출 문항을 분석하고 반영하여 총 3회분을 수록하였습니다. 제1회 실전 모의고사에 한해 저자가 피드백을 제공하고 있습니다. 자신이 준비한 답변이 맞는지 확인하고 싶은 수험자는 시험 전에 피드백을 통해 점검해 보십시오.

(원큐패스 1qpassacademy.com **홈페이지 > CBT > 토픽 말하기 첨삭 게시판)**

목차 contents

유형 5 자료 해석하기

유형 6 의견 제시하기

실전 모의고사

부록

유형1

질문에 대답하기

strategy

- **질문은 2, 3문제**입니다.
  - 가족, 취미, 경험, 계획 등 일상 생활에 대한 짧은 질문입니다.
  - 질문은 컴퓨터 화면에 안 보입니다. 메모하면서 들으십시오.

- **20초 동안 준비하고 30초 동안 말해야 합니다.**
  - 질문을 메모하고 질문에 대한 대답을 키워드로 메모하십시오.

- **4문장 정도**로 대답해야 합니다.
  - 메모한 것을 연결해서 말하십시오.

- **'-습니다'**나 **'-어요'** 중 하나의 표현을 선택해서 말하십시오.

Training 질문에 대답하기

연습 01 질문을 듣고 대답하세요.

질문 메모하기	대답 준비하기	예시
① ....?	①	① 혼자 고민해요
② 해결 방법?	②	② 걸으면서 깊이 생각해요, 너무 힘들면 가족이나 친구들에게 말해요

네 문장으로 말하기

....

....

....

....

예시

저는 고민이 있을 때 누군가에게 이야기하기보다 혼자 고민을 하는 편이에요.
고민이 생기면 걸으면서 조용히 고민에 대해 깊이 생각해요.
이렇게 고민에 대해 계속 생각하다 보면 답답한 마음이 풀리기도 해요.
그런데 너무 힘들 때는 가족이나 친구들에게 조언을 구해요.

고민 관련 어휘

고민하다	고민이 생기다	고민을 해결하다	고민이 풀리다
이야기를 나누다	조언을 구하다	명상하다	운동하다
마음이 편해지다	마음이 가벼워지다	마음이 풀리다	걱정이 없어지다

연습 02 질문을 듣고 대답하세요.

Track 1-03

질문 메모하기	대답 준비하기	예시
① ....?	①	① 강남에 있는 쇼핑몰
② 어떤 곳?	②	② 5층, 예쁜 가게가 많아요
③ ....?	③	③ 집에서 가까워서, 필요한 물건을 다 살 수 있어서

네 문장으로 말하기

....

....

....

....

예시

Track 1-04

제가 쇼핑하러 자주 가는 곳은 강남에 있는 큰 쇼핑몰이에요.
5층이 모두 쇼핑몰인데 예쁜 가게도 많아서 구경할 곳이 아주 많아요.
제가 그곳에 자주 가는 이유는 무엇보다 집에서 아주 가깝기 때문이에요.
그리고 옷이며 물건이며 필요한 것들을 다 살 수 있고요.

쇼핑 관련 어휘

백화점	아울렛	쇼핑몰	마트	인터넷 쇼핑몰
긴팔	반팔	티셔츠	셔츠	바지
치마	원피스	운동화	구두	스니커즈
빨간색	파란색	까만색	하얀색	노란색
가격	스타일	디자인	사이즈	할인

Training 질문에 대답하기

연습 03 질문을 듣고 대답하세요.

Track 1-05

질문 메모하기	대답 준비하기	예시
① 기억에 남는 여행지는? ② ....?	① ②	① 작년 가을에 갔던 제주도예요 ② 가족들과 일출을 보고 한라산에 갔어요. 아름다운 경치를 구경하고 가족들과 이야기를 많이 할 수 있어서요

네 문장으로 말하기

....

....

....

....

예시

Track 1-06

저는 지금까지 한국에서 부산, 경주, 제주도에 가 봤어요.
한국을 여행하면서 가장 기억에 남는 곳은 작년 가을에 가족들과 갔던 제주도예요.
가족들과 같이 아침에 일찍 일어나서 일출을 보고 한라산에 올라간 것이 기억에 남아요.
아름다운 경치도 보고 가족들과 오랜만에 이야기도 많이 할 수 있어서 저에게는 잊을 수 없는 추억이 되었어요.

여행 관련 어휘

일출	일몰	산	바다	강
경치	풍경	유적지	박물관	템플스테이
기억에 남다	추억이 되다	잊을 수 없다		

연습 04 질문을 듣고 대답하세요.

Track 1-07

질문 메모하기	대답 준비하기	예시
① ....?	①	① 여행사에 들어가려고 해요
② 그 일을 하려는 이유?	②	② 한국의 아름다움을 알리고, 우리 나라의 문화를 소개하고 싶어요
③ 그 일이 어떨 것 같아요?	③	③ 보람이 있을 것 같아요

네 문장으로 말하기

....

....

....

....

예시

Track 1-08

한국어 공부가 끝난 후에 고향에 돌아가서 여행사에 들어가려고 해요.
우리나라 사람들에게 한국의 아름다운 곳을 많이 알리고 싶어요.
그리고 한국 사람들에게 우리나라의 문화를 소개하고 유명한 곳을 알리고 싶어요.
다양한 여행 프로그램을 만들어서 사람들에게 문화도 알리고 좋은 추억을 만들어 주는 일을 하면 보람이 있을 것 같아요.

진로 관련 어휘

여행사, 무역회사, 증권회사, 방송국에 들어가다		취직하다	대학원에 진학하다
회사, 가게를 차리다	프로그램을 만들다	보람이 있다	기대가 되다

Training 질문에 대답하기

연습 05 질문을 듣고 대답하세요.

질문 메모하기	대답 준비하기	예시
① ....?	①	① 가을
② 그 계절을 좋아하는 이유?	②	② 날씨가 시원해서
③ ....?	③	③ 단풍을 구경하며 등산도 할 수 있어요

네 문장으로 말하기

....

....

....

....

예시

제가 좋아하는 계절은 가을이에요.
날씨가 시원해서 좋아요. 시원한 가을 공기를 마시면서 산책하면 기분이 아주 좋아져요.
가을이 되면 단풍 축제가 열려서 축제에 가서 구경할 수도 있고, 날씨가 선선해서 단풍을 구경하면서 등산도 할 수 있어요.

계절 및 날씨 관련 어휘

계절(봄, 여름, 가을, 겨울)		따뜻하다	덥다	시원하다
선선하다	쌀쌀하다	춥다	흐리다	맑다
습하다	건조하다	소풍을 가다	해수욕장에 가다	단풍 구경을 하다
등산을 하다	눈사람을 만들다	스키를 타다		

연습 06 질문을 듣고 대답하세요.

Track 1-11

질문 메모하기	대답 준비하기	예시
① ....?	①	① 한국어 책, 양념
② 그 선물을 주고 싶은 이유?	②	② 한국어를 혼자 공부할 수 있어서, 친구가 요리를 좋아해서

네 문장으로 말하기

....

....

....

....

예시

Track 1-12

고향 친구에게 한국어 책하고 한국 음식을 만들 수 있는 양념을 선물하고 싶어요. 고향 친구가 한국어를 공부하고 있는데 혼자 쉽게 공부할 수 있도록 한국어 책을 사 주고 싶어요. 그리고 친구가 요리를 좋아해서 한국의 여러 가지 양념을 선물하고 싶어요. 선물을 받으면 친구가 참 기뻐할 것 같아요.

선물 관련 어휘

선물을 주다	선물을 하다	선물을 받다	
기뻐하다	감동하다	마음에 들어하다	부담스러워하다

Training 질문에 대답하기

연습 07 질문을 듣고 대답하세요.

Track 1-13 

질문 메모하기	대답 준비하기	예시
① 어떤 집에서 살고 싶어요?	①	① 넓고 조용했으면 좋겠어요
② ....?	②	② 공원에서 산책해요, 카페에서 쉬어요

네 문장으로 말하기

....

....

....

....

예시

Track 1-14

지금 살고 있는 집이 시끄럽고 작아요.
그래서 저는 돈이 생긴다면 지금 집보다 넓고 조용했으면 좋겠어요.
그리고 집 근처에 공원이 있으면 강아지와 산책도 하고 싶어요.
강아지와 같이 산책하다가 힘들 때 쉬면서 커피를 마실 수 있는 카페도 있으면 좋을 것 같고요.

집 관련 어휘

아파트	오피스텔	기숙사	원룸	셰어 하우스
방	부엌	화장실	욕실	거실
베란다	바람이 잘 통하다	햇빛이 잘 들어오다	조용하다	지하철역이 가깝다

연습 08 질문을 듣고 대답하세요.

Track 1-15

질문 메모하기	대답 준비하기	예시
① ....?	①	① 고등학교 때 만난 친구, 5년 됐어요
② ....?	②	② 활발하고 밝아요
③ 그 친구를 만나면 무엇을 해요?	③	③ 커피를 마셔요, 아이돌 이야기를 해요

네 문장으로 말하기

....

....

....

....

예시

Track 1-16

저는 친한 친구가 두세 명이 있는데 그중에서 제일 친한 친구는 고등학교 때 만난 친구예요.
그 친구를 안 지 한 5년 정도 됐어요.
그 친구는 저보다 활발하고 밝은 친구예요.
우리는 만나면 커피를 마시거나 우리가 좋아하는 아이돌 얘기를 하거나 해요.

친구 관련 어휘

초등학교	중학교	고등학교	대학교	동창	회사 동료
착하다	밝다	활발하다	사교적이다	유머가 있다	재미있다
노래를 잘하다	춤을 잘 추다	날씬하다	통통하다	키가 크다(작다)	머리가 길다(짧다)

Training 질문에 대답하기

연습 09 질문을 듣고 대답하세요.

Track 1-17 

질문 메모하기	대답 준비하기	예시
① ....?	①	① 양식, 파스타, 쉽고 맛도 있어요
② 만드는 방법?	②	② 면을 7분 정도 삶아요, 마늘을 볶아요, 면을 프라이팬에 넣고 소금으로 간을 해요

네 문장으로 말하기

....

....

....

....

예시

Track 1-18 

저는 양식 중에서 파스타를 만들 수 있어요.
파스타는 만들기가 쉬울 뿐만 아니라 맛도 있어요.
우선 파스타 면을 7분 정도 삶아요.
얇게 썬 마늘을 올리브유에 충분히 볶은 후에 삶은 파스타 면을 프라이팬에 넣고 소금으로 간을 하면 돼요.

요리 관련 어휘

한식	양식	일식	볶다	튀기다	삶다	찌다	굽다	끓이다
썰다	자르다	비비다	섞다	말다	찍다	뿌리다		
프라이팬	칼	가위	접시	컵	그릇	숟가락	젓가락	포크

연습 10 질문을 듣고 대답하세요.

Track 1-19 

질문 메모하기	대답 준비하기	예시
① ……………………………………? ② 그 공연을 보고 싶은 이유?	① ②	① BTS 콘서트 ② 노래, 춤 모두 잘해요. 직접 보고 싶어요, 팬들과 포토카드를 교환하고 싶어요

네 문장으로 말하기

………………………………………………………………………………………

………………………………………………………………………………………

………………………………………………………………………………………

………………………………………………………………………………………

예시

Track 1-20

저는 기회가 된다면 한국에서 BTS 콘서트를 보고 싶어요.
BTS는 노래를 잘할 뿐만 아니라 춤도 잘 춰요.
그래서 콘서트에 가서 BTS가 노래하고 춤 추는 것을 직접 보고 싶어요.
그리고 BTS를 좋아하는 팬들을 만나서 이야기도 많이 하면서 서로 포토카드를 교환하고 싶어요.

공연 관련 어휘

뮤지컬	콘서트	발레	연극	버스킹
노래하다	감상하다	연기하다	인상적이다	훌륭하다
앨범	포토카드	굿즈		

Speak up 실전 연습

01 질문을 듣고 대답하십시오.

❶ 질문을 듣고 메모하십시오.

❷ 20초 동안 대답을 준비하십시오.

❸ 30초 동안 대답을 하십시오.

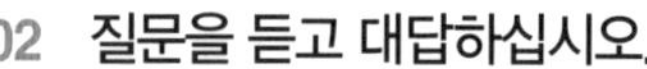
02 질문을 듣고 대답하십시오.

❶ 질문을 듣고 메모하십시오.

❷ 20초 동안 대답을 준비하십시오.

❸ 30초 동안 대답을 하십시오.

Track 1-23

01

예시

제가 좋아하는 음식은 떡볶이예요. 분식집이나 길거리에서 쉽게 사 먹을 수 있는 음식인데 매콤해서 맛있어요. 너무 맵지 않기 때문에 외국인도 잘 먹을 수 있어요. 만들기도 어렵지 않아서 집에서도 자주 해 먹어요.

발음 주의: 떡볶이[떡뽀끼], 길거리[길꺼리], 맵지[맵찌], 외국인도[외구긴도], 어렵지[어렵찌]

따라 읽기: 1회 □ 2회 □ 3회 □ 4회 □ 5회 □

Track 1-24

02

예시

저는 성수에 한 번도 가 본 적이 없어서 성수에 꼭 한 번 가 보고 싶어요. 성수에 가면 유명한 카페와 식당이 많이 있다고 들었어요. 팝업 스토어에서 옷과 향수도 사고 싶어요. 그리고 기회가 되면 인생네컷도 찍어 보고 싶어요.

발음 주의: 없어서[업써서], 식당이[식땅이], 있다고[읻따고], 팝업 스토어[파법스토어], 옷과[옫꽈]

따라 읽기: 1회 □ 2회 □ 3회 □ 4회 □ 5회 □

Speak up 실전 연습

03 질문을 듣고 대답하십시오.

❶ 질문을 듣고 메모하십시오.

❷ 20초 동안 대답을 준비하십시오.

❸ 30초 동안 대답을 하십시오.

04 질문을 듣고 대답하십시오.

❶ 질문을 듣고 메모하십시오.

❷ 20초 동안 대답을 준비하십시오.

❸ 30초 동안 대답을 하십시오.

Track 1-27

03

예시

고민이 생길 때마다 대학교 선배와 이야기해요. 그 선배를 만나서 밥도 먹고 차도 마시면서 이야기를 하고 나면 마음이 편해져요. 선배가 이야기도 많이 들어주고 조언을 해 줄 때도 있거든요. 그래서 고민이 있으면 선배와 이야기를 해요.

발음 주의: 밥도[밥또], 먹고[먹꼬], 있거든요[읻꺼든요], 있으면[이쓰면]

따라 읽기: 1회 □ 2회 □ 3회 □ 4회 □ 5회 □

Track 1-28

04

예시

저는 하얀색에 핑크색 줄무늬가 있는 티셔츠를 사고 싶어요. 제가 가지고 있는 치마와 어울릴 것 같거든요. 요즘 짧게 입는 것이 유행이어서 길이가 짧고 딱 맞는 사이즈를 사고 싶어요. 가격은 3만 원에서 5만 원 정도면 좋겠어요.

발음 주의: 짧게[짤께], 짧고[짤꼬], 맞는[만는], 좋겠어요[조케써요]

따라 읽기: 1회 □ 2회 □ 3회 □ 4회 □ 5회 □

Speak up 실전 연습

05 질문을 듣고 대답하십시오.

❶ 질문을 듣고 메모하십시오.

❷ 20초 동안 대답을 준비하십시오.

❸ 30초 동안 대답을 하십시오.

06 질문을 듣고 대답하십시오.

❶ 질문을 듣고 메모하십시오.

❷ 20초 동안 대답을 준비하십시오.

❸ 30초 동안 대답을 하십시오.

Track 1-31

05

예시

이번 주말에 친구 집에서 같이 고향 음식을 만들어 먹기로 했어요. 친구는 만두를 만들고 저는 소고기 수프를 만들 거예요. 음식을 먹은 후에 같이 한국 드라마도 보려고 해요. 아주 재미있을 것 같아요.

발음 주의: 먹기로[먹끼로], 만들 거예요[만들꺼예요], 같아요[가타요]

따라 읽기: 1회 □ 2회 □ 3회 □ 4회 □ 5회 □

Track 1-32

06

예시

고향에도 봄, 여름, 가을, 겨울 사계절이 있어요. 그렇지만 고향의 겨울 날씨는 한국만큼 춥지 않아요. 그래서 겨울에도 눈을 볼 수 없어요. 그리고 여름에는 고향에도 장마가 있지만 한국처럼 비가 며칠 동안 계속 내리지 않아요. 한두 시간 동안 비가 많이 내리고 나면 다시 하늘이 맑아져요.

발음 주의: 그렇지만[그러치만], 않아요[아나요], 맑아져요[말가져요]

따라 읽기: 1회 □ 2회 □ 3회 □ 4회 □ 5회 □

Speak up 실전 연습

07 질문을 듣고 대답하십시오.

❶ 질문을 듣고 메모하십시오.

❷ 20초 동안 대답을 준비하십시오.

❸ 30초 동안 대답을 하십시오.

08 질문을 듣고 대답하십시오.

❶ 질문을 듣고 메모하십시오.

❷ 20초 동안 대답을 준비하십시오.

❸ 30초 동안 대답을 하십시오.

Track 1-35

07

예시

저는 스무 살에 생일 선물로 받은 노트북이 기억에 남아요. 부모님께서 선물로 주셨어요. 노트북을 너무 사고 싶어서 열심히 아르바이트를 하고 있었거든요. 정말 가지고 싶었던 노트북을 부모님께서 알고 선물해 주셔서 기뻤어요. 그래서 그 선물이 가장 기억에 남아요.

발음 주의: 받은[바든], 싶었던[시퍼떤], 기뻤어요[기뻐써요]

따라 읽기: 1회 ☐ 2회 ☐ 3회 ☐ 4회 ☐ 5회 ☐

Track 1-36

08

예시

저는 요즘에 사진 찍는 것을 즐겨 하고 있어요. 스마트폰이나 카메라를 이용해서 아름다운 경치를 주로 찍는 편이에요. 사진을 찍기 위해서 경치 좋은 곳을 찾아다니다 보니까 자연스럽게 운동량도 많아지고 체력도 좋아지는 것 같아요. 그뿐만 아니라 아름다운 경치를 보면 마음의 안정을 얻을 수도 있어서 아주 좋아요.

발음 주의: 찍는 것을[찡는거슬], 찍는 편이에요[찡는펴니에요], 좋은 곳을[조은고슬], 운동량도[운동냥도]

따라 읽기: 1회 ☐ 2회 ☐ 3회 ☐ 4회 ☐ 5회 ☐

Speak up 실전 연습

09 질문을 듣고 대답하십시오.

❶ 질문을 듣고 메모하십시오.

❷ 20초 동안 대답을 준비하십시오.

❸ 30초 동안 대답을 하십시오.

10 질문을 듣고 대답하십시오.

❶ 질문을 듣고 메모하십시오.

❷ 20초 동안 대답을 준비하십시오.

❸ 30초 동안 대답을 하십시오.

09

Track 1-39

예시

저는 역사 선생님을 만나고 싶어요. 그 선생님은 고등학교 1학년 때 역사를 가르쳐 주신 분인데 그 선생님 덕분에 역사에 관심을 가지게 되었어요. 그 선생님은 지루한 역사를 재미있게 가르쳐 주셨을 뿐만 아니라 학생들의 고민도 많이 들어주셨어요. 기회가 된다면 한번 찾아뵙고 싶어요.

발음 주의: 역사[역싸], 분인데[부닌데], 찾아뵙고[차자뵙꼬]

따라 읽기: 1회 □ 2회 □ 3회 □ 4회 □ 5회 □

10

Track 1-40

예시

건강을 지키기 위해서는 운동과 음식이 가장 중요하다고 생각해요. 운동은 날마다 규칙적으로 하는 것이 무엇보다도 중요하고 땀을 흘릴 정도로 운동을 하는 것이 필요해요. 그리고 음식은 고기, 과일, 채소 등 여러 가지를 골고루 먹어야 해요. 너무 짜거나 단 것은 피하는 것이 좋아요.

발음 주의: 음식이[음시기], 필요해요[피료해요], 음식은[음시근]

따라 읽기: 1회 □ 2회 □ 3회 □ 4회 □ 5회 □

유형2

그림 보고 역할 수행하기

strategy

- 일상생활에서 **자주 만나게 되는 상황이 그림**으로 제시됩니다. 그림을 보고 상황에 맞게 대답을 해야 합니다.
  - **그림:** 분실물 센터, 식당, 호텔, 택시 안, 부동산 소개소, 가게 안 등
- 그림에 제시된 상황을 모두 말하십시오.
- 질문을 듣고 나의 **역할**을 생각하십시오.
  - 친구인지, 아랫사람인지, 직원인지 자신의 역할을 메모하십시오.
- **30초** 동안 준비하고 **40초** 동안 말해야 합니다.
  - 질문을 메모하고 질문에 대한 대답을 키워드로 메모하십시오.
- **5~6문장 정도**로 대답해야 합니다.
- 상황과 역할에 맞게 '**-습니다**'나 '**-어요**' 중 표현을 하나 선택해서 말하십시오.

Training 역할에 맞게 말하기

☑ 연습 01 그림을 보고 질문에 대답하세요.

Track 2-01

■ 그림 상황 이해하기

나의 역할 찾기	1 두 사람의 관계로 알맞은 것을 고르십시오. 그리고 나의 역할에 ☑ 하십시오. ① 마트 직원 □ - 손님 □　　② 호텔 직원 □ - 손님 □
역할에 맞는 표현 생각하기	2 여자가 할 수 있는 말을 모두 고르십시오. ① 바비큐를 이용하실 건가요? ② 바다가 보이는 온돌방이 있을까요? ③ 4인 가족이 묵을 수 있는 방을 찾는데요. ④ 예약이 꽉 차 있어서 이용하실 수 없습니다.

[정답] 1. ②, 손님　2. ②, ③

번호 순서대로 말하기

	예시
①	① 4인 가족이 숙박을 하려고 하는데요,
②	② 더블 침대 2개가 있는 방이면 좋은데 없으면 온돌방도 괜찮아요.
③	③ 바비큐를 이용할 수 있나요?
④	④ 일찍 입실하고 싶은데 1시에 입실해도 될까요?

한 번에 말하기

예시

안녕하세요, 문의 좀 드리려고요. ① 주말에 4인 가족이 숙박을 하려고 하는데요. 어른 둘, 아이 두 명이 함께 묵을 수 있는 방이 있을까요? ② 더블 침대 두 개가 있는 방이면 좋은데 없으면 온돌방도 괜찮습니다. 그리고 ③ 바비큐를 이용할 수 있다고 들었는데요, 4인 가족이면 비용은 어떻게 됩니까? 그리고 ④ 저희가 좀 일찍 도착해서 일찍 입실하고 싶은데 혹시 1시에 입실해도 될까요?

문의하기 표현

- 문의 좀 하려고 하는데요.
- 뭐 좀 물어보고 싶은데요.
- 궁금한 게 있어서 연락드렸는데요.

Training 역할에 맞게 말하기

연습 02 그림을 보고 질문에 대답하세요.

Track 2-03

■ 그림 상황 이해하기

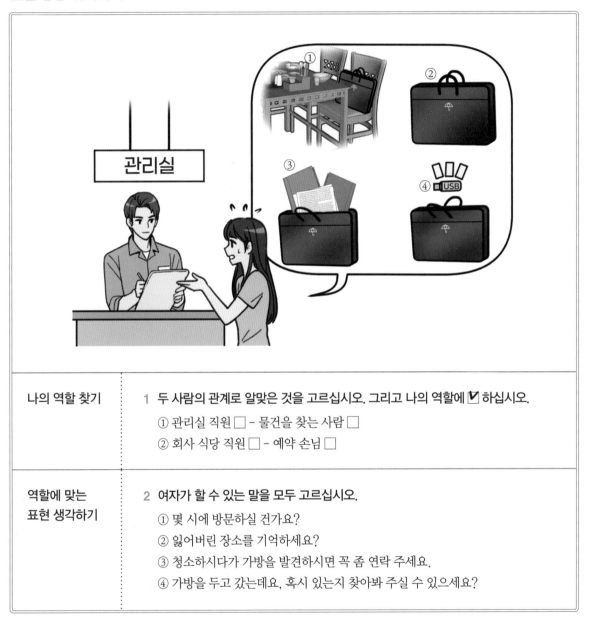

나의 역할 찾기	1 두 사람의 관계로 알맞은 것을 고르십시오. 그리고 나의 역할에 ☑ 하십시오. ① 관리실 직원 □ - 물건을 찾는 사람 □ ② 회사 식당 직원 □ - 예약 손님 □
역할에 맞는 표현 생각하기	2 여자가 할 수 있는 말을 모두 고르십시오. ① 몇 시에 방문하실 건가요? ② 잃어버린 장소를 기억하세요? ③ 청소하시다가 가방을 발견하시면 꼭 좀 연락 주세요. ④ 가방을 두고 갔는데요, 혹시 있는지 찾아봐 주실 수 있으세요?

[정답] 1. ①, 물건을 찾는 사람 2. ③, ④

번호 순서대로 말하기

	예시
①	① 식당 의자에 가방을 두고 갔어요.
②	② 까만색 손잡이가 있고 노란색 우산이 그려져 있는 서류 가방이에요.
③	③ 가방 안에 책 2권, 회사 서류가 들어 있어요.
④	④ 파란색 USB가 들어 있는데 찾을 수 있을까요?

한 번에 말하기

예시

안녕하세요, 분실물을 좀 찾으려고 하는데요. 어제 오후에 점심을 먹고 ① 식당 의자에 가방을 하나 두고 갔어요. ② 까만색 손잡이가 있고 노란색 우산이 그려져 있는 서류 가방이에요. ③ 가방 안에는 책 두 권하고 회사 서류가 들어 있어요. 그리고 ④ 파란색 USB가 들어 있는데 그 안에는 중요한 내용이 많이 들어 있어서 꼭 찾아야 하는데요. 혹시 찾을 수 있을까요?

분실물 묘사하기 표현

- 가방에 서류가 들어 있어요.
- 가방에 우산이 그려져 있어요.
- 지갑 안에 신분증과 교통카드가 들어 있어요.

Training

역할에 맞게 말하기

연습 03 그림을 보고 질문에 대답하세요.

■ 그림 상황 이해하기

나의 역할 찾기	1 두 사람의 관계로 알맞은 것을 고르십시오. 그리고 나의 역할에 ☑ 하십시오. ① 화장품 가게 점원 □ - 손님 □ ② 미용사 □ - 손님 □
역할에 맞는 표현 생각하기	2 여자가 할 수 있는 말을 모두 고르십시오. ① 저에게 짧은 머리가 어울릴까요? ② 어젯밤부터 머리가 아프고 열이 났어요. ③ 일찍 일어나서 등산을 하니까 머리가 맑아졌어요. ④ 뒷머리는 2cm 정도만 잘라 주시고요, 앞머리는 자연스럽게 파마해 주세요.

[정답] 1. ②, 손님 2. ①, ④

번호 순서대로 말하기

①

②

③

④

예시

① 짧은 단발머리 스타일로 바꾸고 싶은데요. 귀밑 10cm 정도로 잘라 주세요.

② 앞머리도 눈썹 위로 자르고 싶어요.

③ 밝은 갈색으로 염색해 주세요.

④ 오늘 약속이 있어서 그러는데 드라이도 좀 해 주세요.

한 번에 말하기

예시

머리스타일을 좀 바꾸고 싶은데요, ① 짧은 단발머리 스타일로 바꾸고 싶은데요, 귀밑 십 센티 정도로 잘라 주세요. ② 앞머리도 눈썹 위로 잘라 주세요. ③ 염색은 밝은 갈색으로 부탁드리고요, ④ 오늘 약속이 있어서 그러는데 드라이도 좀 해 주실 수 있나요?

미용실에서 요청하기 표현

- 밝은색으로 염색해 주세요.
- 자연스러운 웨이브가 있으면 좋겠는데요.
- 오늘 약속이 있어서 그러는데 드라이도 좀 해 주실 수 있나요?

Training 역할에 맞게 말하기

연습 04 그림을 보고 질문에 대답하세요.

Track 2-07 

■ 그림 상황 이해하기

나의 역할 찾기	1 두 사람의 관계로 알맞은 것을 고르십시오. 그리고 나의 역할에 ☑ 하십시오. ① 고객센터 직원 □ - 카드를 잃어버린 사람 □ ② 경찰 □ - 카드를 주운 사람 □
역할에 맞는 표현 생각하기	2 여자가 할 수 있는 말을 모두 고르십시오. ① 지갑을 주웠는데 주인을 찾아 주고 싶습니다. ② 카드를 잃어버려서 분실 신고를 하려고 하는데요, ③ 환전을 좀 하고 싶은데요, 한국 돈으로 바꿔 주세요. ④ 전에 있던 신용 카드는 사용 정지해 주시고 새로 만들어 주세요.

[정답] 1. ①, 카드를 잃어버린 사람 2. ②, ④

번호 순서대로 말하기

	예시
①	① 마트에서 잃어버린 것 같은데 찾아도 없어서요.
②	② 분실한 카드는 사용 정지 부탁드립니다.
③	③ 카드를 다시 만들어야 할 것 같습니다.
④	④ 새로 카드를 만들려면 얼마나 걸리나요?

한 번에 말하기

예시

안녕하세요? 카드를 분실했는데요. ① 마트에서 잃어버린 것 같은데 아무리 찾아도 없어서요. ② 분실한 카드는 다른 사람이 사용할 수 있으니까 정지 부탁드립니다. 그리고 ③ 카드를 다시 만들어야 할 것 같습니다. 그런데 ④ 새로 카드를 만들려면 얼마나 걸리나요?

분실 신고하기 표현

- 분실 신고하려면 어떻게 해야 하나요?
- 분실한 카드는 사용 정지 부탁드립니다.
- 물건을 잃어버려서 신고하려고 하는데요.

Training 역할에 맞게 말하기

연습 05 그림을 보고 질문에 대답하세요.

Track 2-09

■ 그림 상황 이해하기

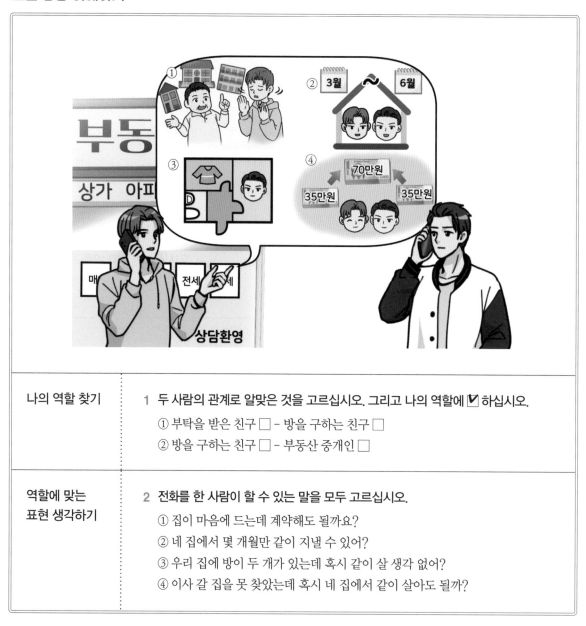

나의 역할 찾기	**1** 두 사람의 관계로 알맞은 것을 고르십시오. 그리고 나의 역할에 ☑ 하십시오. ① 부탁을 받은 친구 □ - 방을 구하는 친구 □ ② 방을 구하는 친구 □ - 부동산 중개인 □
역할에 맞는 표현 생각하기	**2** 전화를 한 사람이 할 수 있는 말을 모두 고르십시오. ① 집이 마음에 드는데 계약해도 될까요? ② 네 집에서 몇 개월만 같이 지낼 수 있어? ③ 우리 집에 방이 두 개가 있는데 혹시 같이 살 생각 없어? ④ 이사 갈 집을 못 찾았는데 혹시 네 집에서 같이 살아도 될까?

[정답] 1. ①, 방을 구하는 친구 2. ②, ④

번호 순서대로 말하기

①

②

③

④

예시

① 학교 앞으로 이사 갈 집을 찾지 못했어.

② 네 집에서 몇 개월만 같이 지낼 수 있어?

③ 방도 두 개니까 같이 살 수 있을 것 같아서 말이야.

④ 월세도 반으로 나눠서 내면 부담도 적을 것 같은데 생각해 보고 이야기해 줘.

한 번에 말하기

예시

있잖아, 부탁할 말이 있어서 말이야. ① 학교 앞으로 이사를 가려고 집을 찾고 있는데 좋은 집을 찾지 못했어. 혹시 ② 네 집에서 몇 개월만 같이 지낼 수 있을까? ③ 방도 두 개니까 같이 살 수 있을 것 같아서 말이야. ④ 월세도 나와 반으로 나눠서 내면 월세 부담도 적을 것 같은데 한 번 생각해 볼 수 있을까? 이런 어려운 부탁을 해서 미안해. 생각해 보고 이야기해 줘.

부탁하기 표현

- 있잖아, 부탁할 말이 있어서 말이야.
- 미안하지만, 네 도움이 필요한데 도와줄 수 있어?
- 어려운 부탁을 해서 미안한데 네 집에서 몇 개월만 같이 지낼 수 있을까?

Training 역할에 맞게 말하기

☑ 연습 06 그림을 보고 질문에 대답하세요.

■ 그림 상황 이해하기

나의 역할 찾기	1 두 사람의 관계로 알맞은 것을 고르십시오. 그리고 나의 역할에 ☑ 하십시오. ① 빌려준 친구 □ - 빌린 친구 □　② 선물을 한 친구 □ - 선물을 받은 친구 □
역할에 맞는 표현 생각하기	2 여자가 할 수 있는 말을 모두 고르십시오. ① 내가 빌려준 책 가져왔어? ② 다음 주까지 가져다 줄 수 있어? ③ 어머, 내가 다른 책을 가져오고 말았어. ④ 어떡해. 오늘 네가 꼭 갖다 달라고 한건데…

[정답] 1. ①, 빌린 친구　2. ③, ④

번호 순서대로 말하기

①

②

③

④

예시

① 어머, 어떡해?
② 네가 어제 빌려준 책 있잖아.
③ 그 책을 가져온다는 것이 다른 책을 가지고 오고 말았어.
④ 책 크기와 색깔이 비슷해서 확인도 안 하고 그냥 가져와 버렸네.

한 번에 말하기

예시

① 어머, 어떡해? ② 네가 어제 빌려준 책 있잖아. ③ 그 책을 가져온다는 것이 다른 책을 가지고 오고 말았어. ④ 책 크기와 색깔이 비슷해서 확인도 안 하고 그냥 가져와 버렸네. 오늘 네가 꼭 필요한 책이라고 했는데 어떡하지? 정말 미안한데, 내일 가져다 줘도 될까?

변명하기 표현

- 약속을 지키고 싶었는데 갑자기 일이 생겨서 말이야.
- 내가 하려고 했는데 일을 하느라 깜빡 잊어버렸어요.
- 어머, 어떡해. 그 책을 가져온다는 것이 다른 책을 가지고 오고 말았어.

Training 역할에 맞게 말하기

연습 07 그림을 보고 질문에 대답하세요.

Track 2-13 

그림 상황 이해하기

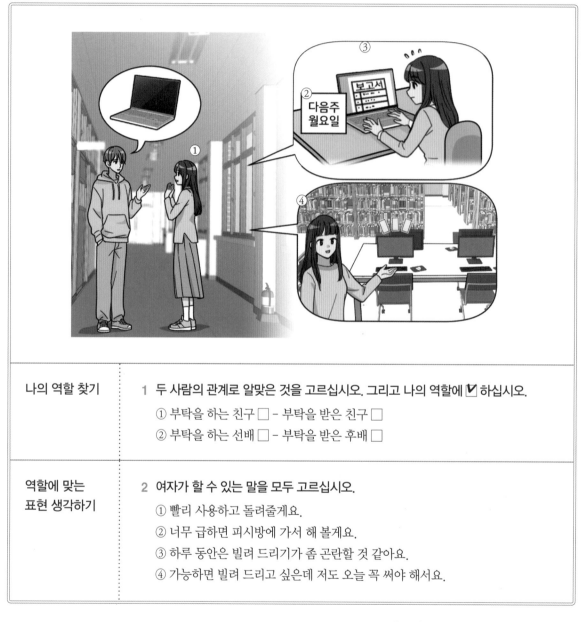

나의 역할 찾기	1 두 사람의 관계로 알맞은 것을 고르십시오. 그리고 나의 역할에 ☑ 하십시오. ① 부탁을 하는 친구 □ - 부탁을 받은 친구 □ ② 부탁을 하는 선배 □ - 부탁을 받은 후배 □
역할에 맞는 표현 생각하기	2 여자가 할 수 있는 말을 모두 고르십시오. ① 빨리 사용하고 돌려줄게요. ② 너무 급하면 피시방에 가서 해 볼게요. ③ 하루 동안은 빌려 드리기가 좀 곤란할 것 같아요. ④ 가능하면 빌려 드리고 싶은데 저도 오늘 꼭 써야 해서요.

[정답] 1. ②, 부탁을 받은 후배 2. ③, ④

번호 순서대로 말하기

①

②

③

④

예시

① 네? 노트북을 빌려 달라고요?
② 가능하면 제가 빌려 드리고 싶은데 저도 다음 주 월요일까지 써야 할 보고서가 있어서요.
③ 미안하지만 빌려 드리기 힘들 것 같아요.
④ 너무 급하면 학교 도서관에 가서 하는 건 어때요?

한 번에 말하기

예시

Track 2-14

① 네? 노트북을 빌려 달라고요? ② 가능하면 제가 빌려 드리고 싶은데 저도 다음 주 월요일까지 써야 할 보고서가 있어서요. 보고서를 쓰려면 이것저것 찾아보고 정리를 해야 해서 시간이 좀 걸릴 것 같아요. 제가 계속 사용해야 해서 ③ 미안하지만 빌려 드리기 힘들 것 같아요. ④ 너무 급하면 학교 도서관에 가서 하는 건 어때요? 학교 도서관은 밤늦게까지 할 수 있으니까 작업하기가 괜찮을 거예요.

거절하기 표현

- 지금은 빌려드리기가 좀 곤란해요.
- 그런 부탁은 들어주기가 좀 어려운데요.
- 제가 그건 도와 드리기가 어려울 것 같은데요.

Training 역할에 맞게 말하기

연습 08 그림을 보고 질문에 대답하세요.

Track 2-15 

■ 그림 상황 이해하기

나의 역할 찾기	1 두 사람의 관계로 알맞은 것을 고르십시오. 그리고 나의 역할에 ☑ 하십시오. ① 버스 기사 □ - 길을 묻는 사람 □ ② 길을 가르쳐 주는 사람 □ - 길을 묻는 사람 □
역할에 맞는 표현 생각하기	2 남자가 할 수 있는 말을 모두 고르십시오. ① 여기에서 걸어갈 수 있을까요? ② 302번 버스를 타고 가면 될까요? ③ 여기에서 왼쪽으로 가면 백화점이 있어요. ④ 백화점 앞에 버스 정류장이 있는데 거기에서 버스를 타세요.

[정답] 1. ②, 길을 가르쳐 주는 사람 2. ③, ④

번호 순서대로 말하기

	예시
①	① 여기에서 걸어가기에는 좀 먼데요.
②	② 저기 백화점이 보이지요?
③	③ 백화점 옆에 있는 횡단보도를 건너면 버스 정류장이 있어요.
④	④ 302번 버스를 타고 세 번째 정류장에서 내리면 돼요.

한 번에 말하기

예시

서연 대학교요? ① 여기에서 걸어가기에는 좀 먼데요. 버스를 타고 가는 건 어때요? ② 저기 백화점이 보이지요? ③ 백화점 옆에 있는 횡단보도를 건너면 버스 정류장이 있어요. 거기에서 302번 버스를 타세요. ④ 그 버스를 타고 세 번째 정류장에서 내리면 돼요. 내리면 바로 서연 대학교가 보일 거예요.

길 안내하기 표현

- 왼쪽으로 가면 백화점이 있어요.
- 횡단보도를 건너서 오른쪽으로 가세요.
- 신촌역에서 내려서 3번 출구로 나가세요.

Training 역할에 맞게 말하기

연습 09 그림을 보고 질문에 대답하세요.

Track 2-17

■ 그림 상황 이해하기

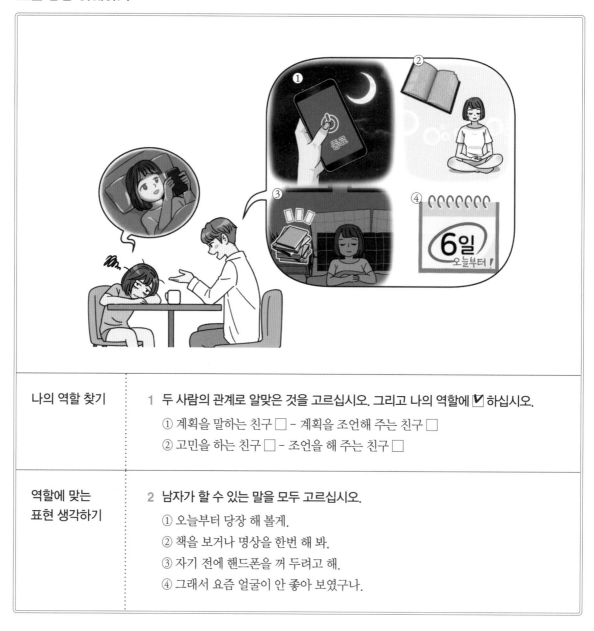

나의 역할 찾기	1 두 사람의 관계로 알맞은 것을 고르십시오. 그리고 나의 역할에 ☑ 하십시오. ① 계획을 말하는 친구 □ - 계획을 조언해 주는 친구 □ ② 고민을 하는 친구 □ - 조언을 해 주는 친구 □
역할에 맞는 표현 생각하기	2 남자가 할 수 있는 말을 모두 고르십시오. ① 오늘부터 당장 해 볼게. ② 책을 보거나 명상을 한번 해 봐. ③ 자기 전에 핸드폰을 꺼 두려고 해. ④ 그래서 요즘 얼굴이 안 좋아 보였구나.

[정답] 1. ②, 조언을 해 주는 친구 2. ②, ④

번호 순서대로 말하기

	예시
①	① 우선 자기 전에 핸드폰을 완전히 꺼 두는 게 어때?
②	② 책을 보거나 명상을 한번 해 봐.
③	③ 이런 습관이 생기면 평소보다 독서량도 늘고 숙면도 취할 수 있을 거야.
④	④ 오늘부터 당장 해 봐.

한 번에 말하기

예시

그래서 요즘 피곤해 보였구나. ① 우선 자기 전에 핸드폰을 완전히 꺼 두는 게 어때? 핸드폰이 켜져 있으면 문자나 알림이 계속 와서 신경이 쓰이잖아. 핸드폰을 완전히 끄고 나서 ② 책을 보거나 명상을 한번 해 봐. ③ 이런 습관이 생기면 평소보다 독서량도 늘고 숙면도 취할 수 있을 거야. ④ 오늘부터 당장 해 봐.

조언하기 표현

- 좋은 습관을 만들어 보지 그래요?
- 핸드폰을 완전히 꺼 두는 게 어때요?
- 책을 보거나 명상을 한번 해 보세요.

Training 역할에 맞게 말하기

연습 10 그림을 보고 질문에 대답하세요.

Track 2-19 

■ 그림 상황 이해하기

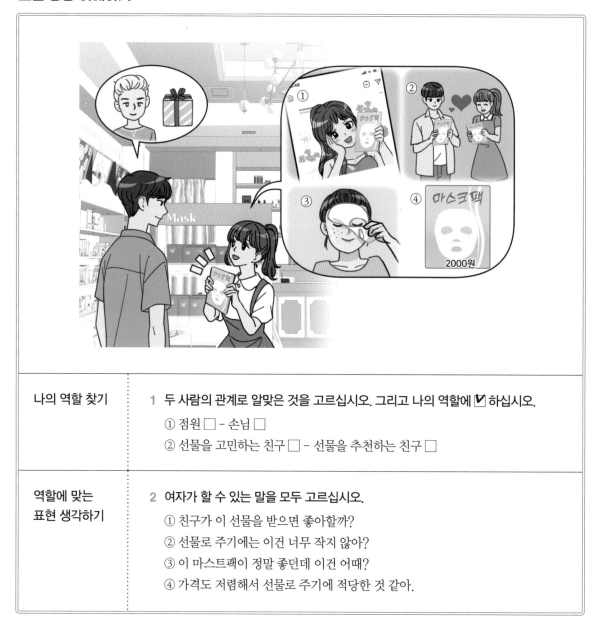

나의 역할 찾기	1 두 사람의 관계로 알맞은 것을 고르십시오. 그리고 나의 역할에 ☑ 하십시오. ① 점원 □ - 손님 □ ② 선물을 고민하는 친구 □ - 선물을 추천하는 친구 □
역할에 맞는 표현 생각하기	2 여자가 할 수 있는 말을 모두 고르십시오. ① 친구가 이 선물을 받으면 좋아할까? ② 선물로 주기에는 이건 너무 작지 않아? ③ 이 마스크팩이 정말 좋던데 이건 어때? ④ 가격도 저렴해서 선물로 주기에 적당한 것 같아.

[정답] 1. ②, 선물을 추천하는 친구 2. ③, ④

번호 순서대로 말하기

①

②

③

④

예시

① 이 마스크팩이 정말 좋던데 이건 어때?
② 최근에 유명한 여자 아이돌이 사용해서 더 알려진 마스크팩인데 여자들뿐만 아니라 남자들에게도 인기가 많대.
③ 특히 여드름 피부에 아주 좋은 것 같아.
④ 가격도 저렴한데 이걸로 하는 건 어때?

한 번에 말하기

....

....

....

....

예시

① 이 마스크팩이 정말 좋던데 이건 어때? 얼마 전에 제가 친구에게 선물로 줬는데 친구가 아주 마음에 들어했거든. ② 최근에 유명한 여자 아이돌이 사용해서 더 알려진 마스크팩인데 여자들뿐만 아니라 남자들에게도 인기가 많대. ③ 특히 여드름 피부에 아주 좋은 것 같아. ④ 가격도 저렴한데 이걸로 하는 건 어때? 아마 고향 친구가 받으면 좋아할 거야.

추천하기 표현

- 가격도 저렴한데 이걸로 하세요.
- 다들 좋다고들 하던데 한번 써 보세요.
- 이 마스크팩이 정말 좋던데 이건 어때요?

Speak up 실전 연습

01 그림을 보고 질문에 대답하십시오.

Track 2-21

❶ 질문을 듣고 메모하십시오.

❷ 30초 동안 대답을 준비하십시오.

❸ 40초 동안 대답을 하십시오.

02 그림을 보고 질문에 대답하십시오.

Track 2-22

❶ 질문을 듣고 메모하십시오.

❷ 30초 동안 대답을 준비하십시오.

❸ 40초 동안 대답을 하십시오.

01

Track 2-23

예시

정말 미안해. 공부하느라고 정신없어서 약속을 깜빡 잊어버렸어. 어떡하지? 내가 지금 준비해서 나가면 한 시간 반 정도 걸릴 텐데 혹시 기다려 줄 수 있어? 빨리 준비해서 나갈게. 점심은 내가 맛있는 거 사 줄게. 조금만 기다려줘. 기다리게 해서 정말 미안해.

발음 주의: 어떡하지[어떠카지], 혹시[혹씨], 맛있는 거[마신는거]

따라 읽기: 1회 □ 2회 □ 3회 □ 4회 □ 5회 □

02

Track 2-24

예시

선배님, 정말 속상하고 힘드시겠어요. 그런데 저도 도와드리고 싶지만 이번 학기에 학비로 다 내 버려서 지금 가지고 있는 돈이 없어요. 사실 저도 월세를 낼 돈이 부족해서 지난 달부터 아르바이트를 시작했거든요. 어렵게 찾아오셨을 텐데 아무런 도움을 드리지 못해서 죄송해요.

발음 주의: 속상[속쌍], 학기[학끼], 학비[학삐], 월세[월쎄], 부족해서[부조캐서]

따라 읽기: 1회 □ 2회 □ 3회 □ 4회 □ 5회 □

Speak up 실전 연습

03 그림을 보고 질문에 대답하십시오.

Track 2-25

❶ 질문을 듣고 메모하십시오.

❷ 30초 동안 대답을 준비하십시오.

❸ 40초 동안 대답을 하십시오.

04 그림을 보고 질문에 대답하십시오.

Track 2-26

❶ 질문을 듣고 메모하십시오.

❷ 30초 동안 대답을 준비하십시오.

❸ 40초 동안 대답을 하십시오.

03

Track 2-27

예시

어제부터 열이 나고 목이 너무 아파요. 목소리가 잘 안 나와요. 기침도 심하고 콧물도 많이 나서 불편하고요. 많이 잤는데도 계속 피곤하고 힘들어요. 그리고 옷을 많이 입어도 너무 춥고요. 아무래도 몸살인 것 같아요.

발음 주의: 목소리[목쏘리], 콧물[콘물], 잤는데도[잔는데도]

따라 읽기: 1회 □ 2회 □ 3회 □ 4회 □ 5회 □

04

Track 2-28

예시

계란 볶음밥은 어때요? 재료도 간단하고 만드는 것도 간단해요. 우선 파를 작게 썰고 볶으세요. 파가 익으면 계란을 저으면서 볶으세요. 그 다음에 밥을 넣고 소금이나 간장으로 간을 하면 돼요. 김치와 같이 먹으면 더 맛있어요. 한번 만들어 보세요.

발음 주의: 볶음밥[보끔밥], 작게[작께], 볶으세요[보끄세요], 넣고[너코]

따라 읽기: 1회 □ 2회 □ 3회 □ 4회 □ 5회 □

Speak up 실전 연습

Track 2-29 

05 그림을 보고 질문에 대답하십시오.

❶ 질문을 듣고 메모하십시오.

❷ 30초 동안 대답을 준비하십시오.

❸ 40초 동안 대답을 하십시오.

 Track 2-30 

06 그림을 보고 질문에 대답하십시오.

❶ 질문을 듣고 메모하십시오.

❷ 30초 동안 대답을 준비하십시오.

❸ 40초 동안 대답을 하십시오.

Track 2-31

05

예시

자리도 넓고 한강을 보면서 밥을 먹을 수 있는 식당이 있어. 아이들이 놀 수 있는 방도 따로 있어서 아이들도 좋아할 거야. 불고기와 갈비, 갈비탕도 있어서 어른이건 아이건 모두 잘 먹을 수 있어서 좋더라고. 후식으로 과일이랑 아이스크림도 줘. 나도 가족 모임이 있을 때 가끔 가는 곳이야. 가게 이름이랑 연락처 알려 줄 테니까 한번 전화해 봐.

발음 주의: 넓고[널꼬], 좋더라고[조터라고], 연락처[열락처]

따라 읽기: 1회 □ 2회 □ 3회 □ 4회 □ 5회 □

Track 2-32

06

예시

음... 저는 지금 한국어학당에서 4급을 공부하고 있는데 한국 사람처럼 한국말을 잘하지는 않지만 한국 사람이 말하는 것은 어느 정도 알아들을 수 있어요. 저는 작년에 고등학교에서 영어를 가르친 적이 있어요. 저는 아이들을 좋아해서 아이들을 가르치는 봉사 활동을 하면 잘할 것 같아요. 여기에서 제가 할 수 있는 봉사 활동이 있을까요?

발음 주의: 한국어학당[항구거학땅], 작년에[장녀네], 활동[활똥]

따라 읽기: 1회 □ 2회 □ 3회 □ 4회 □ 5회 □

Speak up 실전 연습

Track
2-33

07 그림을 보고 질문에 대답하십시오.

❶ 질문을 듣고 메모하십시오.

❷ 30초 동안 대답을 준비하십시오.

❸ 40초 동안 대답을 하십시오.

Track
2-34

08 그림을 보고 질문에 대답하십시오.

❶ 질문을 듣고 메모하십시오.

❷ 30초 동안 대답을 준비하십시오.

❸ 40초 동안 대답을 하십시오.

Track 2-35

07

예시

아니요, 이 옷은 제가 맡긴 옷이 아닌데요. 저는 지난주 수요일 저녁에 맡겼습니다. 까만색 패딩인데 모자가 달려 있습니다. 패딩 양쪽에 주머니가 있고 가슴 쪽에 'NICE'라고 쓰여 있고요. 그리고 주머니 쪽이 조금 찢어져 있어서 수선도 부탁드렸는데요. 그때 계산하고 받은 영수증도 여기 있습니다.

발음 주의: 맡긴[맏낀] 맡겼습니다[맏껴씀니다], 찢어져[찌저저]

따라 읽기: 1회 ☐ 2회 ☐ 3회 ☐ 4회 ☐ 5회 ☐

Track 2-36

08

예시

혼자 지낼 수 있는 집을 구하고 있어요. 서연 대학교에 다니고 있어서 학교와 가까웠으면 좋겠어요. 방은 작아도 괜찮은데 좀 깨끗하고 바람이 잘 통하는 집을 원해요. 그리고 책상, 의자, 침대 같은 것들이 갖추어져 있으면 좋을 것 같아요. 아, 그리고 일 층은 좀 시끄럽고 위험할 수도 있으니까 좀 높은 층이었으면 좋겠어요. 그런 집이 있을까요?

발음 주의: 괜찮은데[괜차는데], 깨끗하고[깨끄타고], 의자[의자], 갖추어져[갇추어져]

따라 읽기: 1회 ☐ 2회 ☐ 3회 ☐ 4회 ☐ 5회 ☐

Speak up 실전 연습

Track 2-37

09 그림을 보고 질문에 대답하십시오.

❶ 질문을 듣고 메모하십시오.

❷ 30초 동안 대답을 준비하십시오.

❸ 40초 동안 대답을 하십시오.

Track 2-38

10 그림을 보고 질문에 대답하십시오.

❶ 질문을 듣고 메모하십시오.

❷ 30초 동안 대답을 준비하십시오.

❸ 40초 동안 대답을 하십시오.

Track 2-39

09

예시

저기요… 핸드폰을 주웠는데 어떻게 하면 될까요? 홍대입구역 4번 출구 앞에 옷가게가 있는데 그 앞에 이 핸드폰이 떨어져 있었습니다. 까만색 사과가 그려져 있는 핸드폰인데 조금 액정이 깨져 있어요. 핸드폰은 꺼져 있고요. 어떻게 하면 되죠? 여기에다 놓고 가면 될까요?

발음 주의: 옷가게[옫까게], 액정[액쩡], 놓고[노코]

따라 읽기: 1회 □ 2회 □ 3회 □ 4회 □ 5회 □

Track 2-40

10

예시

있잖아… 미안한데 내가 부탁할 게 있어서 그러는데… 다름이 아니라 내가 일주일 동안 가족과 함께 여행을 가는데 고양이를 맡길 데가 없어서. 오랫동안 집을 비워야 하는데 고양이를 혼자 두는 게 좀 걱정이 돼. 고양이를 혼자 두고 오랫동안 집을 비우면 사고가 생길 수도 있잖아. 미안한데 일주일만 고양이 좀 맡아 줄 수 있을까? 다음에 네가 힘든 일이 있을 때 내가 꼭 도와줄게.

발음 주의: 있잖아[읻짜나], 맡길 데가[맏낄떼가], 걱정[걱쩡], 오랫동안[오래똥안]

따라 읽기: 1회 □ 2회 □ 3회 □ 4회 □ 5회 □

유형3

그림 보고 이야기하기

strategy

☑ **4개의 그림을 보고 차례대로 이야기를 만드는 문제입니다.**
- 그림의 순서를 바꾸면 안 됩니다. 4개의 그림을 모두 설명해야 합니다.

☑ 주인공의 **상황이나 사건, 행동, 기분**을 표현하십시오.
- '누가, 언제, 어디에서, 무슨 일이 있어났는지, 무엇을, 어떻게, 왜' 했는지 말합니다.
- 기쁘다, 기대되다, 답답하다, 겁이 나다, 당황스럽다 등 감정을 표현합니다.

☑ **접속사**를 활용하면 상황의 순서, 변화, 결과 등을 잘 설명할 수 있습니다.
- 우선, 마지막으로, 그런데, 결국, 드디어 등

☑ **40초** 동안 준비하고 **60초** 동안 말해야 합니다.
- 질문을 메모하고 각 그림마다 이야기의 키워드를 두 개씩 메모하십시오.

☑ **8문장 정도**로 대답해야 합니다.
- 한 그림에 두 문장씩 말하면 좋습니다. 연결해서 하나의 이야기를 만드십시오.

Training 1 그림 보고 이야기하기

연습 01 지수 씨가 지하철을 탔습니다. 지수 씨에게 무슨 일이 있었는지 이야기하세요.

▶ 어떤 상황인 것 같습니까?

....

▶ 무엇을 하고 있습니까?

....

▶ 기분이 어떤 것 같습니까?

....

예시

[상황] 지수 씨가 핸드폰을 보며 지하철 의자에 앉아 있는데 다리가 불편해 보이는 할머니 한 분이 지하철을 타셨어요.

[행동] 그래서 지수 씨가 할머니께 앉으시라고 자리를 양보했어요.

[기분] 지수 씨는 할머니께 자리를 양보하고 기분이 좋았어요.

연습 02 민수 씨가 영화관에 갔습니다. 민수 씨에게 무슨 일이 있었는지 이야기하세요.

▶ 어떤 상황인 것 같습니까?

....

▶ 무엇을 하고 있습니까?

....

▶ 기분이 어떤 것 같습니까?

....

예시

[상황] 민수 씨가 자기 자리에 앉은 남녀 커플을 발견했어요.

[행동] 민수 씨가 좌석표를 보여 주며 이 자리는 민수 씨 자리라고 말했어요.

[기분] 그 사람들이 당황해하는 모습을 보니 조금 미안한 마음이 들었어요.

연습 03 지수 씨가 카페에 갔습니다. 지수 씨에게 무슨 일이 있었는지 이야기하세요.

▶ 어떤 상황인 것 같습니까?

....

▶ 무엇을 하고 있습니까?

....

▶ 기분이 어떤 것 같습니까?

....

예시

[상황] 지수 씨가 파인애플 주스를 주문했는데 받아 보니 오렌지 주스였어요.

[행동] 점원에게 가서 파인애플 주스로 바꿔 달라고 이야기를 했어요.

[기분] 직원이 불친절해서 지수 씨는 조금 짜증이 났어요.

연습 04 지수 씨가 요가 교실에 갔습니다. 지수 씨에게 무슨 일이 있었는지 이야기하세요.

▶ 어떤 상황인 것 같습니까?

....

▶ 무엇을 하고 있습니까?

....

▶ 기분이 어떤 것 같습니까?

....

예시

[상황] 지수 씨가 요가 교실에서 요가를 배우고 있어요.

[행동] 선생님의 동작을 무리하게 따라 하다가 그만 허리를 다치고 말았어요.

[기분] 지수 씨는 허리를 잡고 울면서 무리하게 따라 한 것을 후회했어요.

Training 1 그림 보고 이야기하기

연습 05 남자아이가 공원에서 산책을 하고 있었습니다. 남자아이에게 무슨 일이 있었는지 이야기하세요.

▶ 어떤 상황인 것 같습니까?

....

▶ 무엇을 하고 있습니까?

....

▶ 기분이 어떤 것 같습니까?

....

예시

[상황] 아이가 공원에서 산책을 하다가 강아지를 발견하고 달려갔어요.

[행동] 강아지가 귀여워서 가까이 가서 만지려고 했어요.

[기분] 그런데 강아지가 갑자기 물려고 해서 아이는 깜짝 놀랐어요.

연습 06 마리아 씨가 서울 여행을 왔습니다. 마리아 씨에게 무슨 일이 있었는지 이야기하세요.

▶ 어떤 상황인 것 같습니까?

....

▶ 무엇을 하고 있습니까?

....

▶ 기분이 어떤 것 같습니까?

....

예시

[상황] 마리아 씨는 H백화점에 가다가 길을 잃어서 너무 당황스러웠어요.

[행동] 지나가는 한국 남자에게 H백화점이 어디에 있는지 물어봤어요.

[기분] 한국 남자가 친절하게 가르쳐 줘서 정말 고마웠어요.

연습 07 민수 씨가 서울역에 왔습니다. 민수 씨에게 무슨 일이 있었는지 이야기하세요.

▶ 어떤 상황인 것 같습니까?

....

▶ 무엇을 하고 있습니까?

....

▶ 기분이 어떤 것 같습니까?

....

예시

[상황] 민수 씨는 서울역에서 친구를 기다리는데 친구가 오지 않아서 기분이 나빴어요.

[행동] 그런데 저 멀리서 친구가 당황한 얼굴로 뛰어오더라구요.

[기분] 친구가 늦게 와서 화가 났지만 친구가 미안해해서 화를 내지 않았어요.

연습 08 제임스 씨가 북한산을 올랐습니다. 제임스 씨에게 무슨 일이 있었는지 이야기하세요.

▶ 어떤 상황인 것 같습니까?

....

▶ 무엇을 하고 있습니까?

....

▶ 기분이 어떤 것 같습니까?

....

예시

[상황] 제임스 씨는 친구들이 한국의 산이 예쁘고 아름답다고 해서 혼자서 북한산을 올랐어요.

[행동] 그런데 계속 올라가다 보니 다리도 아프고 햇빛도 강해서 너무 힘들었어요.

[기분] 힘들었지만 정상에 올라가서 아름다운 경치를 내려다보니까 아주 흐뭇했어요.

Training 1 그림 보고 이야기하기

연습 09 지수 씨가 친구를 만나러 가고 있었습니다. 지수 씨에게 무슨 일이 있었는지 이야기하세요.

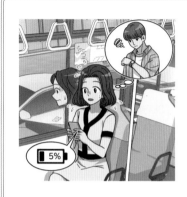

▶ 어떤 상황인 것 같습니까?

▶ 무엇을 하고 있습니까?

▶ 기분이 어떤 것 같습니까?

예시

[상황] 지수 씨는 친구와 약속이 있어서 버스를 탔는데 예상보다 차가 너무 많이 밀렸어요.

[행동] 그래서 친구에게 늦을 것 같다고 전화를 하려고 했는데 핸드폰 배터리가 없었어요.

[기분] 많이 늦을 것 같은데 전화를 못해서 무척 당황스러웠어요.

연습 10 제임스 씨가 토픽 시험을 봤습니다. 제임스 씨에게 무슨 일이 있었는지 이야기하세요.

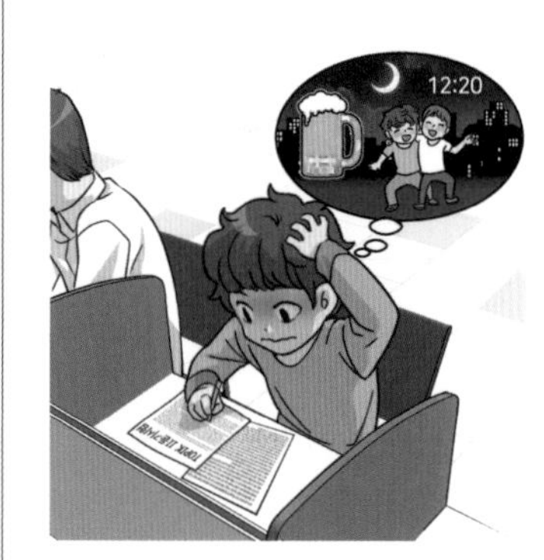

▶ 어떤 상황인 것 같습니까?

▶ 무엇을 하고 있습니까?

▶ 기분이 어떤 것 같습니까?

예시

[상황] 제임스 씨는 떨리는 마음으로 토픽 시험을 봤어요.

[행동] 그런데 시험이 생각보다 너무 어려워서 이번 시험에서 떨어질 것 같아요.

[기분] 제임스 씨는 어제 공부 안 하고 늦게까지 술을 마신 것이 후회가 됐어요.

감정 관련 표현

기분이 좋을 때	기분이 좋다	기쁘다	즐겁다
	행복하다	흐뭇하다	뿌듯하다
	고맙다	감사하다	반갑다
	신나다	재미있다	
기분이 나쁠 때	슬프다	우울하다	화나다
	짜증나다	힘들다	서운하다
	섭섭하다	속상하다	실망스럽다
	억울하다	실망스럽다	불쾌하다
	외롭다	불안하다	
기대가 될 때	설레다	기대가 되다	궁금하다
후회가 될 때	후회가 되다	후회스럽다	부끄럽다
	창피하다		
안심이 될 때	다행이다	안심이 되다	마음이 놓이다

Training 2 연속된 그림 보고 이야기하기

연습 01 그림을 보고 순서대로 이야기하십시오.

Track 3-01

대답 준비하기

①

②

예시

① 드디어 제임스 씨가 기다리던 고향에 가는 날입니다.

② 고향에 있는 친구들과 가족들에게 줄 선물을 잔뜩 사 가지고 설레는 마음으로 공항철도를 탔습니다.

대답 준비하기

①

②

예시

① 한참을 가다가 여권을 책상 위에 두고 온 것이 생각났습니다.

② 시간을 보고 여권을 가지러 집에 가야겠다고 생각했습니다.

대답 준비하기

①

②

예시

① 지하철에서 급하게 내려서 다시 집으로 돌아갔습니다.

② 비행기를 놓칠까 봐 걱정이 되었습니다.

대답 준비하기

①

②

예시

① 책상 위에 두고 온 여권을 챙겨서 택시를 타고 공항에 갔습니다.

② 택시비가 많이 들었지만 무사히 비행기를 타서 참 다행이었습니다.

Track
3-02

연습 02 그림을 보고 순서대로 이야기하십시오.

대답 준비하기

①

②

🔍 예시

① 민수 씨는 여름 방학에 가족들과 함께 캠핑을 떠났어요.

② 차에 짐을 가득 싣고 설레는 마음으로 캠핑장으로 출발을 했어요.

⬇

대답 준비하기

①

②

🔍 예시

① 캠핑장에 도착해서 아빠와 같이 텐트를 쳤어요.

② 엄마는 여동생과 같이 짐을 옮기고 정리했어요.

⬇

대답 준비하기

①

②

🔍 예시

① 점심에 강에서 낚시를 했어요.

② 물이 깨끗해서 물고기가 많았어요.

⬇

대답 준비하기

①

②

🔍 예시

① 저녁에는 가족들과 바비큐 파티를 했어요.

② 캠핑장에서 먹어서 그런지 더 맛있었어요.

Training 2 연속된 그림 보고 이야기하기

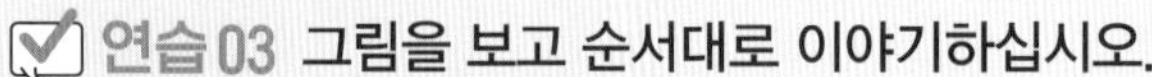
연습 03 그림을 보고 순서대로 이야기하십시오.

대답 준비하기

①

②

예시

① 민수 씨의 여자 친구는 딸기 케이크를 좋아해요.

② 민수 씨는 여자 친구의 생일에 딸기 케이크를 만들어 주고 싶어서 요리 학원에 등록했어요.

⬇

대답 준비하기

①

②

예시

① 요리 학원에서 돌아온 후에 집에서도 케이크 만드는 연습을 많이 했어요.

② 여자 친구가 기뻐할 생각을 하니까 행복했어요.

⬇

대답 준비하기

①

②

예시

① 드디어 생일 날이 되었어요. 민수 씨는 딸기 케이크를 만들어서 예쁘게 포장을 했어요.

② 그리고 꽃과 편지도 준비했어요.

⬇

대답 준비하기

①

②

예시

① 여자 친구는 민수 씨가 만든 케이크를 받고 무척 기뻐했어요.

② 저녁을 먹고 예쁜 카페에 앉아서 같이 케이크를 맛있게 먹었어요. 여자 친구가 좋아해서 민수 씨도 무척 행복해했어요.

연습 04 그림을 보고 순서대로 이야기하십시오.

Track 3-04

대답 준비하기

①

②

예시

① 민수 씨는 오랜만에 고등학교 동창을 만나서 즐겁게 놀았어요.

② 놀다 보니 밤 11시가 넘었어요.

대답 준비하기

①

②

예시

① 친구들과 헤어지고 서둘러서 지하철을 탔어요.

② 술을 많이 마셔서 그런지 잠이 왔어요.

대답 준비하기

①

②

예시

① 잠에서 깨니 종점이었어요.

② 그리고 지하철도 끊겼어요. 어떻게 해야 할지 몰라서 눈물이 났어요.

대답 준비하기

①

②

예시

① 지하철도 없고 버스도 없어서 결국 택시를 타고 집에 왔어요.

② 민수 씨는 지하철에서 잠든 것을 후회했어요.

Training 2 연속된 그림 보고 이야기하기

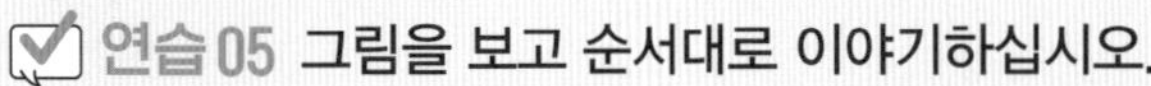

연습 05 그림을 보고 순서대로 이야기하십시오.

Track 3-05

대답 준비하기

①

②

예시

① 민수 씨는 새해에 살을 빼기로 마음먹었습니다.
② 그래서 운동을 시작하려고 수영장에 갔습니다.

⬇

대답 준비하기

①

②

예시

① 그런데 이용 방법을 몰라서 안내 데스크에 물어봤습니다.
② 직원이 수영을 하려면 먼저 회원 등록을 하고 수강 신청을 해야 한다고 했습니다.

⬇

대답 준비하기

①

②

예시

① 신청 기간은 매월 25~28일이라고 했습니다.
② 수영은 인기가 많아서 빨리 신청을 하지 않으면 안 된다고 했습니다.

⬇

대답 준비하기

①

②

예시

① 오늘은 회원 등록만 하고 집에 돌아왔습니다.
② 민수 씨는 백화점에 들러서 예쁜 수영복도 사서 아주 기분이 좋았습니다.

연습 06 그림을 보고 순서대로 이야기하십시오.

Track 3-06 

대답 준비하기

①

②

예시

① 9월 28일부터 30일까지 추석 연휴였어요.

② 민수 씨는 연휴 첫날에 집에서 책도 읽고 음악도 들으려고 했어요.

⬇

대답 준비하기

①

②

예시

① 그런데 어학당 친구들이 한국의 추석을 경험해 보고 싶다고 해서 한복 가게에서 옷을 빌려 입고 경복궁에 갔어요.

② 경복궁에 갔더니 여러 행사를 하고 있었어요.

⬇

대답 준비하기

①

②

예시

① 많은 사람들이 한국의 전통 놀이를 하거나 전통 음식을 만들고 있었어요

② 민수 씨와 친구들은 한국의 전통 놀이가 재미있어 보여서 한번 해 봤는데 생각보다 쉽지 않았어요.

⬇

대답 준비하기

①

②

예시

① 전통놀이를 한 후에는 경복궁 앞에서 친구들과 사진을 찍었어요.

② 정말 즐거운 하루였어요.

Training 2 연속된 그림 보고 이야기하기

연습 07 그림을 보고 순서대로 이야기하십시오.

대답 준비하기

①

②

예시

① 정국 씨는 옷이 필요해서 온라인으로 옷을 샀습니다.
② 정국 씨는 여러 홈페이지를 살펴보다가 결국 sense라는 쇼핑몰에서 파란색 티셔츠, M 사이즈를 주문했습니다.

대답 준비하기

①

②

예시

① 3일 후에 옷이 배달되었습니다. 포장을 풀어 보고 정국 씨는 실망했습니다.
② 옷 사이즈가 너무 크고 색깔도 주문한 것과 달랐기 때문입니다.

대답 준비하기

①

②

예시

① 정국 씨는 옷 판매자에게 직접 전화를 걸어서 물건을 바꿔 달라고 했습니다.
② 직원은 옷 태그를 떼지 말고 그대로 다시 보내라고 했습니다.

대답 준비하기

①

②

예시

① 일주일 후에 정국 씨는 옷을 다시 받았습니다. 입어 보니 옷 색깔도 마음에 들고 사이즈도 정국 씨 몸에 잘 맞았습니다.
② 시간은 좀 걸렸지만 마음에 드는 옷을 살 수 있어서 다행이었습니다.

연습 08 그림을 보고 순서대로 이야기하십시오.

Track 3-08 

대답 준비하기

①

②

예시

① 정국 씨는 오랜만에 어학당 친구 1명과 같이 여행을 가기로 했습니다.

② 아침 8시에 서울역에서 경주역으로 가는 기차를 탔습니다.

대답 준비하기

①

②

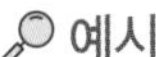

예시

① 기차를 타기 전에 사 놓은 김밥과 음료수를 꺼냈습니다.

② 친구와 김밥과 음료수를 먹으면서 이런 저런 유학 생활에 대해서 이야기를 나눴습니다.

대답 준비하기

①

②

예시

① 한옥 마을 입구에서 어학당 친구들을 우연히 만났습니다.

② 기대도 안 했는데 만나게 되어 무척 반가웠습니다.

대답 준비하기

①

②

예시

① 한옥 마을에서 같이 사진도 찍고 맛있는 음식도 먹었습니다.

② 네 사람이 같이 여행을 하니까 더 즐겁고 신이 났습니다.

Training 2 연속된 그림 보고 이야기하기

연습 09 그림을 보고 순서대로 이야기하십시오.

Track 3-09 

대답 준비하기

①

②

예시

① 정국 씨가 학교 게시판에서 아르바이트 모집 광고를 봤어요.

② 학교 근처에 있는 편의점에서 주말 아르바이트생을 구하고 있었어요.

대답 준비하기

①

②

예시

① 구인 광고를 자세히 보니까 주말 오전 6시부터 오후 12시까지였어요.

② 주말에 오전에만 일하고 오후에는 쉴 수 있을 것 같아서 편의점에 연락을 했어요.

대답 준비하기

①

②

예시

① 편의점 점장님은 정국 씨에게 한국말을 잘하는지 물었어요.

② 그래서 정국 씨는 한국어학당에서 4급을 공부하고 있어서 잘 할 수 있다고 말씀을 드렸어요.

대답 준비하기

①

②

예시

① 그 말을 들은 점장님께서 내일부터 나올 수 있냐고 해서 그러겠다고 했어요.

② 정국 씨는 아르바이트가 처음이어서 무척 기대를 하고 있어요.

연습 10 그림을 보고 순서대로 이야기하십시오.

Track 3-10

대답 준비하기

①

②

예시

① 정국 씨는 요즘에 살이 너무 쪄서 다이어트를 하기로 마음을 먹었어요.

② 내일부터 다이어트를 하기 위해서 헬스장 등록도 하고 다이어트 음식도 마트에서 샀어요.

대답 준비하기

①

②

예시

① 다음 날 아침 일찍 일어나서 헬스장에 갔어요.

② 1시간 반 동안 운동을 했는데 힘들었지만 기분이 좋았어요.

대답 준비하기

①

②

예시

① 그런데 오늘은 친구 생일 파티가 있었어요.

② 친구 생일을 축하해 주기 위해서 오랜만에 친구들이 모였어요.

대답 준비하기

①

②

예시

① 오랜만에 친구들을 만나니까 기분이 너무 좋았어요. 그래서 그만 술을 많이 마시고 말았어요.

② 정국 씨는 오늘도 다이어트를 실패한 것 같아서 속상했어요.

Speak up 실전 연습

Track 3-11

01 그림을 보고 순서대로 이야기하십시오.

(1)

(2)

(3)

(4)

❶ 40초 동안 준비하십시오.

❷ 60초 동안 대답을 하십시오.

Track 3-12

02 그림을 보고 순서대로 이야기하십시오.

(1)

(2)

(3)

(4)

❶ 40초 동안 준비하십시오.

❷ 60초 동안 대답을 하십시오.

Track 3-13

01

예시

(1) 오늘은 학교에서 동아리 모임이 있는 날입니다. 하지만 민수 씨는 너무 아파서 아침에 일어날 수 없었습니다. (2) 학교에 가야 하는데 열이 나고 아파서 갈 수 없었습니다. 친구들에게서 연락이 왔지만 받을 수 없었습니다. (3) 오후 한 시쯤 겨우 일어나서 전화를 확인했습니다. 그리고 친구들에게 몸살 때문에 가지 못해서 미안하다고 메시지를 보냈습니다. 그리고 다시 침대에 누워 잠이 들었습니다. (4) '띵동' 벨이 울렸습니다. 걱정이 된 친구들이 약이랑 음식을 사 가지고 집에 왔습니다. 친구들에게 미안하고 고마웠습니다.

발음 주의: 없었습니다[업썬씀니다], 확인했습니다[화긴핻씀니다], 못해서[모태서]

따라 읽기: 1회 ☐ 2회 ☐ 3회 ☐ 4회 ☐ 5회 ☐

Track 3-14

02

예시

(1) 민수 씨가 문구점 앞에서 장난감을 구경하고 있었습니다. 그런데 어디에서인가 고양이 소리가 들렸습니다. (2) 뒤를 돌아보니까 아기 고양이가 있었습니다. 너무 귀여워서 앉아서 고양이랑 같이 놀았습니다. (3) 한참을 놀다 보니 집에 갈 시간이 되었습니다. 고양이와 인사를 하고 집으로 돌아왔습니다. (4) 서랍에서 어릴 때 가지고 놀던 인형을 찾았습니다. 내일 아기 고양이를 만날 생각을 하니까 마음이 두근거렸습니다.

발음 주의: 앞에서[아페서], 장난감을[장난까믈], 앉아서[안자서]

따라 읽기: 1회 ☐ 2회 ☐ 3회 ☐ 4회 ☐ 5회 ☐

Speak up 실전 연습

03 그림을 보고 순서대로 이야기하십시오.

Track 3-15 

(1) (2) (3) (4)

❶ 40초 동안 준비하십시오.

❷ 60초 동안 대답을 하십시오.

04 그림을 보고 순서대로 이야기하십시오.

Track 3-16 

(1) (2) (3) (4)

❶ 40초 동안 준비하십시오.

❷ 60초 동안 대답을 하십시오.

Track 3-17

03

예시

(1) 수업이 끝나고 옆 친구가 민수 씨에게 수업 내용을 적은 공책을 빌려 달라고 했습니다. 고민이 되었지만 빌려주었습니다. (2) 친구는 내일까지 꼭 주겠다고 했습니다. 그리고 고맙다고 인사했습니다. (3) 그런데 다음 날 친구가 학교에 오지 않았습니다. 연락도 없어서 기분이 나빴습니다. (4) 집에 가려고 하는데 교실 앞에서 친구가 공책을 들고 기다리고 있었습니다. 친구는 늦잠을 잤다고 했습니다. 친구를 오해해서 괜히 미안했습니다.

발음 주의: 연락도[열락또], 늦잠을[늗짜믈], 괜히[괘니]

따라 읽기: 1회 □ 2회 □ 3회 □ 4회 □ 5회 □

Track 3-18

04

예시

(1) 아이가 무인 아이스크림 가게에서 아이스크림을 고릅니다. 멜론 아이스크림을 먹을지 초코 아이스크림을 먹을지 고민을 합니다. (2) 초코 아이스크림 한 개를 골라서 카드로 계산을 했습니다. 그런데 영수증을 보니 초코 아이스크림 10개로 계산되었습니다. (3) 어떻게 해야 할지 몰라서 당황했습니다. 고민하다가 키오스크에 있는 전화번호를 보고 전화를 했습니다. 전화로 설명을 하니까 다행히 환불을 해줬습니다. (4) 안심을 하고 아이스크림을 먹었습니다. 그런데 아이스크림이 많이 녹아서 속상했습니다.

발음 주의: 먹을지[머글찌], 어떻게[어떠케], 속상했습니다[속쌍핻씀니다]

따라 읽기: 1회 □ 2회 □ 3회 □ 4회 □ 5회 □

Speak up 실전 연습

05 그림을 보고 순서대로 이야기하십시오.

(1) (2) (3) (4)

❶ 40초 동안 준비하십시오.

❷ 60초 동안 대답을 하십시오.

06 그림을 보고 순서대로 이야기하십시오.

(1) (2) (3) (4)

❶ 40초 동안 준비하십시오.

❷ 60초 동안 대답을 하십시오.

Track 3-21

05

예시

(1) 오늘이 드디어 방송국 면접 시험날입니다. 지수 씨는 준비한 옷을 입고 거울을 보며 열심히 연습했습니다. (2) 3명이 같이 면접장으로 갔습니다. 열심히 준비했는데도 잘 대답하지 못했습니다. (3) 면접이 끝난 후에 집에 가지 않고 술집에 들러서 혼자 술을 마셨습니다. 너무 속상했습니다. (4) 술을 더 시키려고 하는데 친구가 왔습니다. 친구와 같이 술을 마시면서 이야기를 나눠서 그런지 마음이 편해졌습니다.

발음 주의: 연습했습니다[연스팯씀니다], 못했습니다[모탣씀니다]

따라 읽기: 1회 ☐ 2회 ☐ 3회 ☐ 4회 ☐ 5회 ☐

Track 3-22

06

예시

(1) 요즘 날씨가 더운데 머리가 많이 길어서 불편했어요. 마침 잡지를 보다가 예쁜 머리스타일을 발견했어요. (2) 그래서 집 근처에 있는 미용실에 갔어요. 미용실이 작지만 헤어 디자이너 선생님이 친절해 보였어요. (3) 헤어 디자이너 선생님에게 지수 씨가 하고 싶은 머리 스타일을 보여 드렸어요. 선생님께서 그 사진을 보더니 머리를 좀 자르고 파마를 하면 좋을 것 같다고 했어요. (4) 선생님 말씀대로 머리를 자르고 파마를 했어요. 시간이 좀 오래 걸렸지만 완성된 머리를 보니까 정말 마음에 들었어요.

발음 주의: 잡지를[잡찌를], 있는[인는], 스타일을[스타이를], 같다고[갇따고]

따라 읽기: 1회 ☐ 2회 ☐ 3회 ☐ 4회 ☐ 5회 ☐

Speak up 실전 연습

07 그림을 보고 순서대로 이야기하십시오.

(1) 

(2) 

(3) 

(4) 

❶ 40초 동안 준비하십시오.

❷ 60초 동안 대답을 하십시오.

08 그림을 보고 순서대로 이야기하십시오.

(1) 

(2) 

(3) 

(4) 

❶ 40초 동안 준비하십시오.

❷ 60초 동안 대답을 하십시오.

07

Track 3-25

예시

(1) 지수 씨가 지하철역 승강장에서 열차를 기다리고 있었어요. 열차가 오지 않아서 벤치에 앉아 있었어요. (2) 그런데 벤치 아래에 지갑이 떨어져 있었어요. 지갑은 산 지 얼마 안 된 새 지갑 같았어요. (3) 지갑을 열어 보니까 지갑 안에는 신용카드, 신분증 그리고 돈이 들어 있었어요. 지갑에서 연락처를 찾다가 명함을 발견했어요. (4) 명함에 있는 전화번호로 연락을 했더니 다행히 그 명함은 그 지갑 주인의 것이었어요. 지수 씨는 누군가에게 도움을 준 것 같아서 뿌듯했어요.

발음 주의: 지하철역[지하철력], 신분증[신분쯩], 연락처[열락처], 했더니[핻떠니], 주인의[주이네]

따라 읽기: 1회 ☐ 2회 ☐ 3회 ☐ 4회 ☐ 5회 ☐

08

Track 3-26

예시

(1) 민수 씨가 친구들과 학교 운동장에서 축구를 하기로 했어요. 그런데 오늘은 날씨가 춥고 눈도 조금 쌓여 있었어요. (2) 축구를 시작하기 전에는 좀 추웠지만 뛰다 보니까 몸이 따뜻해지고 괜찮았어요. 그런데 뛰다가 미끄러워서 그만 다리를 삐고 말았어요. (3) 다리가 붓고 아파서 더이상 뛸 수가 없었어요. 그래서 민수 씨는 바로 택시를 타고 병원에 갔어요. (4) 병원에 갔더니 의사 선생님이 깁스를 해야 한다고 했어요. 세 달 동안은 축구를 하지 못하게 되어서 무척 아쉬웠어요.

발음 주의: 춥고[춥꼬], 따뜻해지고[따뜨태지고], 붓고[붇꼬], 깁스[깁쓰], 못하게[모타게]

따라 읽기: 1회 ☐ 2회 ☐ 3회 ☐ 4회 ☐ 5회 ☐

Speak up 실전 연습

09 그림을 보고 순서대로 이야기하십시오.

(1)

(2)

(3)

(4)

❶ 40초 동안 준비하십시오.

❷ 60초 동안 대답을 하십시오.

10 그림을 보고 순서대로 이야기하십시오.

(1)

(2)

(3)

(4)

❶ 40초 동안 준비하십시오.

❷ 60초 동안 대답을 하십시오.

09

Track 3-29

예시

(1) 지수 씨는 명동에서 친구를 만나기로 했어요. 그래서 집 근처 지하철역에서 지하철을 탔어요. (2) 가방이 무거워서 선반 위에 가방을 올려놓고 핸드폰을 봤어요. 그런데 핸드폰을 보다가 내릴 곳을 놓칠 뻔했어요. (3) 명동역에 도착해서 문이 열렸어요. 급하게 내리느라고 선반 위에 있는 가방을 두고 내리고 말았어요. (4) 역무실로 가서 역무원에게 가방을 두고 내렸다고 말씀드렸어요. 역무원은 가방이 명동역에 도착할 때까지 앉아서 기다리라고 했어요. 가방을 찾을 수 있게 되어서 기뻤어요.

발음 주의: 놓고[노코], 역무실[영무실], 역무원[영무원], 도착할[도차칼], 찾을 수 있게[차즐쑤읻께]

따라 읽기: 1회 ☐ 2회 ☐ 3회 ☐ 4회 ☐ 5회 ☐

10

Track 3-30

예시

(1) 여름 방학이 시작되었어요. 지난 주말에 할 일도 없고 해서 친구들과 수영장에 다녀왔어요. (2) 수영장에 갔다가 온 다음 날부터 눈이 조금씩 아프더니 오늘 아침에는 눈이 빨개졌어요. 그래서 인터넷으로 집 근처 안과를 찾아봤어요. (3) 다행히 집 근처에 안과가 있어서 찾아갔어요. 안과에 갔더니 의사 선생님이 결막염이라고 했어요. (4) 다른 사람에게 병을 옮길 수도 있기 때문에 수건 같은 것은 가족들과 따로 쓰라고 했어요. 걱정했는데 큰 병이 아니라서 마음이 놓였어요.

발음 주의: 할 일[할릴], 찾아봤어요[차자봐써요], 결막염[결망념], 옮길 수도[옴길쑤도]

따라 읽기: 1회 ☐ 2회 ☐ 3회 ☐ 4회 ☐ 5회 ☐

유형4

대화 완성하기

strategy

- **사회 문제**에 대한 남녀의 대화입니다. 상대방의 말을 듣고 대화를 완성하십시오.
  - 사회 문제: 무상 급식, 동물실험, 성형수술 등에 대한 찬반
    전자책, 채식, 레토르트 식품 등에 대한 장단점 등

- 먼저 대화의 주제를 파악하십시오. 그리고 말해야 할 사람이 **'남자'**인지 **'여자'**인지 메모하십시오.

- **어떤 입장**으로 의견을 말해야 하는지 메모하십시오.
  - '찬성', '반대', '장점', '단점' 등

- **40초** 동안 준비하고 **60초** 동안 말해야 합니다.
  - 질문을 메모하고 질문에 대한 대답을 키워드로 메모하십시오.

- **5~6문장 정도**로 대답해야 합니다.

- 상황과 역할에 맞게 **'-습니다'**나 **'-어요'** 중 하나의 표현을 선택해서 말하십시오.

Training 1 의견 말하기(찬성과 반대)

01 현재 중고등학교에서는 무상 급식을 실시하고 있는데요, 대학교에서도 대학생들의 경제적 부담을 줄이기 위해 무상 급식을 계획하고 있다고 합니다. 대학교에서의 무상 급식 실시에 대해 찬성과 반대의 의견을 말해 봅시다.

찬성 의견

- 무상 급식을 하면 형편이 어려운 학생들의 경제적인 부담을 줄일 수 있습니다.
- ....

반대 의견

- 학생 모두에게 무상으로 밥을 제공하려면 많은 비용이 들어갑니다. 교육비로 써야 할 비용을 급식비로 사용하게 되면 교육의 질이 낮아질 수밖에 없다고 생각합니다.
- ....

예시

[찬성] 무상 급식을 하면 생활비를 줄일 수 있기 때문에 아르바이트를 하는 대신 공부에 집중할 수 있습니다.

[반대] 무료이면 꼭 필요하지 않은 경우에도 학교 식당을 이용하는 사람들이 많을 거라고 생각합니다. 그러면 이용해야 할 사람이 먹지 못하는 경우가 생길 수도 있고 음식이 버려지는 일도 생기게 될 것입니다.

무상 급식 관련 어휘

무상　무료　급식　등록금　교육의 질　복지

실시하다　제공하다　부담하다　끼니를 해결하다

02 신약 개발, 질병 연구 등과 같은 과학적 목적을 위해 동물실험이 이뤄지고 있습니다. 동물실험에 대해 찬성과 반대의 의견을 말해 봅시다.

찬성 의견

- 사람을 대상으로 실험을 한다면 많은 사람들의 생명이 위험해질 수 있어요.
- ....

반대 의견

- 인간과 동물은 유전적으로 많이 다르기 때문에 부작용이 생길 수 있어요.
- ....

예시

[찬성] 약을 개발하고 부작용을 알아보기 위해서는 동물실험이 꼭 필요해요. 실험 대상을 컴퓨터로 바꾸더라도 사람에게 맞지 않을 수 있기 때문이에요.

[반대] 동물의 생명도 인간 생명과 마찬가지로 존중돼야 해요.

동물 실험 관련 어휘

신약 질병 동물실험 유전 부작용 생명권 동물권
예방하다 존중하다 개발하다

Training 1 의견 말하기(찬성과 반대)

03 인터넷이나 TV에서 다이어트 약 광고를 흔히 볼 수 있습니다. 다이어트를 위해 약을 먹는 것에 대해 찬성과 반대의 의견을 말해 봅시다.

찬성 의견

- 약을 먹으면 효과가 빠르기 때문에 살을 뺄 수 있다는 자신감을 얻을 수 있습니다.
- ....

반대 의견

- 다이어트 약의 효과는 일시적일 수 있고 음식 조절과 운동 없이 약만 먹을 경우에 전보다 더 살이 찔 수 있습니다.
- ....

예시

[찬성] 음식 조절과 운동을 하면서 약을 먹을 경우에 다이어트에 큰 효과를 얻을 수 있습니다.
[반대] 의사의 처방 없이 약을 복용할 경우에 건강에 문제가 생길 수 있습니다.

다이어트 관련 어휘

다이어트	올바른 식습관	효과	비만	부작용	요요 현상
복용하다	일시적이다	건강을 해치다	식욕이 올라오다	체중이 늘다	
살을 빼다	살이 찌다	조절하다	처방하다		

04 최근 카페에서 오랜 시간 일을 하거나 공부를 하는 사람이 늘고 있는데요. 이런 사람들로 인해 불편하다는 의견도 있습니다. 카페를 장시간 이용하는 것에 대해 찬성과 반대의 의견을 말해 봅시다.

찬성 의견

- 커피 가격에는 자리를 이용하는 값이 포함되어 있어요. 그러므로 원하는 만큼 카페를 이용할 권리가 있어요.
- ....

반대 의견

- 카페 운영자의 경우 자리가 없어서 새로운 손님을 받을 수 없게 되어서 수입이 줄어들게 돼요.
- ....

예시

[찬성] 카페에서 시끄럽게 떠들어 휴식을 방해하는 것보다 조용히 공부하는 것이 낫다고 생각해요.
[반대] 편하게 카페를 이용하는 사람들에게 불편을 줄 수 있어요. 조용히 일이나 공부하는 사람에게 방해가 될까 봐 조심하기 때문이에요.

카페 이용 관련 어휘

코로나 팬데믹	장시간 이용	수입	카공족(카페에서 공부하는 손님)	제한 시간
추가로	휴식을 방해하다	피해를 주다	포함되다	권리가 있다

Training 1 의견 말하기(찬성과 반대)

05 요즘 젊은 여성은 물론 남성, 노인에 이르기까지 성형수술에 관심이 많습니다. 성형수술에 대해 찬성과 반대의 의견을 말해 봅시다.

찬성 의견

- 외모에 자신이 생기면 자기의 일에도 자신감이 생길 수 있습니다.
- ....

반대 의견

- 성형수술을 하면 다시 되돌릴 수 없고 부작용이 생길 수 있습니다.
- ....

예시

[찬성] 외모에 만족감을 느끼면 행복감을 더 많이 느낄 수 있습니다.
[반대] 외모를 바꾸는 비용으로 자기 계발에 투자하여 내면을 성장시키는 것이 중요합니다.

성형수술	외모	내면	자기계발	행복감
만족하다	가꾸다	투자하다	성장시키다	

Training 2 의견 말하기(장점과 단점)

01 앞으로 초등학교에서 단계적으로 전자책을 교과서로 사용한다고 합니다. 전자책의 장점과 단점을 말해 봅시다.

장점 의견

• 전자책을 사용하면 개인의 흥미와 수준에 맞게 교과서를 활용할 수 있습니다.

• ....

단점 의견

• 친구들과 협동하거나 상호 작용을 할 기회가 적어질 수 있습니다.

• ....

예시

[장점] 전자책이 있으면 여러 권의 책을 무겁게 들고 다닐 필요가 없습니다.
[단점] 전자책은 집중하기 어려울 뿐더러 답을 쉽게 찾을 수 있기 때문에 깊이 생각할 시간이 없어집니다.

전자책 관련 어휘

전자책	디지털 교과서	스마트 기기	흥미	수준	집중력
상호 작용	과다 사용	중독	우려		
활용하다	협동하다	상호 작용을 하다	우려가 있다		

Training 2 의견 말하기(장점과 단점)

02 최근 채식을 하는 사람들이 늘고 있습니다. 식당에 가면 채식주의자들을 위한 메뉴가 따로 준비되어 있는 곳도 종종 볼 수 있습니다. 채식의 장점과 단점을 말해 봅시다.

장점 의견

- 육식을 거부함으로써 동물의 피해를 줄일 수 있어요.
- ....

단점 의견

- 채식을 할 경우 아이는 영양소 부족으로 성장에 방해가 될 수 있어요.
- ....

예시

[장점] 채식을 하면 비만을 예방할 수 있고 피부가 좋아질 수 있어요.

[단점] 채식을 하면 노인이나 환자의 경우 근육량이 줄어들거나 면역력이 약해져서 위험할 수 있어요.

채식 관련 어휘

채식	육식	비만	영양소 부족	근육량	면역력
섭취하다	방해가 되다	예방하다	줄어들다	약해지다	위험하다

03 하루 일과를 시작하기 전에 아침에 일찍 일어나서 운동을 하는 사람들이 많은데요, 아침 운동의 장점과 단점을 말해 봅시다.

장점 의견

• 아침에 운동을 하면 하루를 활기차게 시작할 수 있습니다.

• ....

단점 의견

• 아침에 일어나기가 힘들기 때문에 운동을 쉽게 포기할 수 있습니다.

• ....

예시

[장점] 아침에 운동을 하면 하루를 일찍 시작할 수 있어서 시간을 관리하기가 좋습니다.
[단점] 아침에 운동을 하면 에너지를 너무 많이 사용하게 되어서 오후에 쉽게 지칠 수 있습니다.

운동 관련 어휘

하루 일과	활기차다	시간을 관리하다	에너지를 사용하다
지치다	규칙적이다	불규칙적이다	

Training 2 의견 말하기(장점과 단점)

04 맞벌이 가정과 1인 가구가 늘면서 밀키트 식품이 인기를 얻고 있습니다. 밀키트 식품의 장점과 단점을 말해 봅시다.

장점 의견

• 밀키트 식품은 간단하고 빠르게 식사를 해결할 수 있어요.

• ....

단점 의견

• 밀키트 식품은 맛과 품질이 떨어지고 건강에 해로울 수 있어요.

• ....

예시

[장점] 밀키트 식품은 재료 준비를 하지 않아도 완벽한 한 끼를 먹을 수 있어요.

[단점] 밀키트 식품의 포장은 대부분 플라스틱과 비닐로 되어 있어서 환경에 나쁜 영향을 미칠 수 있어요.

밀키트 관련 어휘

맞벌이 가정	1인 가구	레토르트 식품	인스턴트 식품	품질	환경오염
해롭다	해결하다	영향을 미치다			

05 아이들의 스트레스를 줄이기 위해 학교에서 숙제를 줄이거나 없애는 곳이 생겨나고 있습니다. 숙제의 장점과 단점을 말해 봅시다.

장점 의견

• 예습과 복습을 통해 배운 것을 깊게 이해할 수 있습니다.

• ....

단점 의견

• 숙제는 학생들이 자유롭게 공부할 수 있는 시간을 빼앗습니다.

• ....

예시

[장점] 숙제는 공부를 하는 습관을 가질 수 있고 시험에서 좋은 점수를 받을 수 있습니다.

[단점] 목표 의식이 없고 능력이 부족한 경우에는 숙제에 부담만 가지게 되어 공부에 흥미를 잃을 수 있습니다.

숙제 관련 어휘

예습	복습	능동적	수동적	목표 의식
흥미를 가지다(잃다)	자율성을 기르다	시간을 빼앗다		

Training 3 의견 말하기

연습 01 다음 대화를 듣고 이어서 말하세요.

Track 4-01 

■ 상황 이해하기

1 두 사람은 어떤 주제로 대화하고 있습니까?

① 대학교 무상 교육   ② 대학교 무상 급식

2 여자의 말을 듣고 남자가 시작할 말로 알맞은 것을 고르십시오.

① 그렇기는 하지만 학생 모두에게 무상으로 급식을 제공하는 것은 대학교 입장에서는 경제적으로 부담이 크다고 생각해요.

② 그래서 학생들의 반응을 들어보고 하루라도 빨리 무상급식을 실시하는 것이 좋다고 생각해요.

남자가 시작할 말 [번]

이어서 말하기
- 학생 전원에게 무상으로 밥을 제공하려면 많은 비용이 들어가요.
-
-
-

[정답] 1. ② 2. ①

의견 반박하기

그렇기는 하지만 대학에서 학생 모두에게 무상으로 급식을 제공하는 것은 경제적으로 부담이 크다고 생각해요. 학생 전원에게 무상으로 밥을 제공하려면 많은 비용이 들어가요.

예시

그렇기는 하지만 대학에서 학생 모두에게 무상으로 급식을 제공하는 것은 경제적으로 부담이 크다고 생각해요. 학생 전원에게 무상으로 밥을 제공하려면 많은 비용이 들어가요. 교육비로 써야 할 비용을 급식비로 사용하게 되면 교육의 질이 낮아질 수밖에 없다고 생각해요. 게다가 무료이면 꼭 필요하지 않은 경우에도 학교 식당을 이용하는 사람들이 많을 거라고 생각해요. 그러면 이용해야 할 사람이 먹지 못하는 경우가 생길 수도 있고 음식이 버려지는 일도 생기게 될 거예요. 그렇기 때문에 무상 급식을 하지 않는 것이 좋다고 생각해요.

Training 3 의견 말하기

연습 02 다음 대화를 듣고 이어서 말하세요.

Track 4-03 

■ 상황 이해하기

1 두 사람은 어떤 주제로 대화하고 있습니까?

① 다이어트 약 복용 ② 다이어트 음식 추천

2 여자의 말을 듣고 남자가 시작할 말로 알맞은 것을 고르십시오.

① 다이어트 약의 효과는 일시적일 수 있으며 음식 조절과 운동 없이 약만 먹을 경우에 전보다 더 살이 찔 수 있어요.

② 다이어트 약을 먹으면 효과가 빠르기 때문에 살을 뺄 수 있다는 자신감을 얻을 수 있어요.

남자가 시작할 말 [번]

이어서 말하기
- 약물 초기에만 효과가 있을 뿐, 약을 끊으면 식욕이 올라오고 체중이 다시 는다고 해요.
-
-
-

[정답] 1. ① 2. ①

의견 반박하기

다이어트 약의 효과는 일시적일 수 있으며 음식 조절과 운동 없이 약만 먹을 경우에 전보다 더 살이 찔 수 있어요. 약물 초기에만 효과가 있을 뿐, 약을 끊으면 식욕이 올라오고 체중이 다시 는다고 해요.

예시

Track 4-04

다이어트 약의 효과는 일시적일 수 있으며 음식 조절과 운동 없이 약만 먹을 경우에 전보다 더 살이 찔 수 있어요. 약물 초기에만 효과가 있을 뿐, 약을 끊으면 식욕이 올라오고 체중이 다시 는다고 해요. 다이어트 약은 비만 치료제이기 때문에 의사의 처방 없이 약을 사용할 경우에 건강에 문제가 생길 수 있어요. 약마다 부작용이 있어서 다이어트 광고만 보고 아무 약이나 먹으면 안 돼요. 다이어트를 하려다가 건강을 해칠 수도 있어요. 운동과 음식을 조절해서 건강하게 다이어트를 하는 것이 좋다고 생각해요.

Training 3 의견 말하기

연습 03 다음 대화를 듣고 이어서 말하세요.

■ 상황 이해하기

1 두 사람은 어떤 주제로 대화하고 있습니까?

① 도서관 장시간 이용 ② 카페 장시간 이용

2 여자의 말을 듣고 남자가 시작할 말로 알맞은 것을 고르십시오.

① 커피 가격에는 자리를 이용하는 값이 포함되어 있기 때문에 원하는 만큼 카페를 이용할 권리가 있다고 생각해요.

② 편하게 카페를 이용하는 사람들에게 불편을 줄 수 있고 카페 사장님도 수입이 줄어서 힘들겠어요.

남자가 시작할 말 [번]

이어서 말하기
- 이른 아침이나 도서관이 닫히면 따로 공부할 만한 공간이 없기 때문에 카페를 이용할 수밖에 없는 사람이 많아요.
-
-
-

[정답] 1. ② 2. ①

의견 반박하기

커피 가격에는 자리를 이용하는 값이 포함되어 있기 때문에 원하는 만큼 카페를 이용할 권리가 있다고 생각해요. 이른 아침이나 도서관이 닫히면 따로 공부할 만한 공간이 없기 때문에 카페를 이용할 수밖에 없는 사람이 많아요.

TYPE 04 Training 3 의견 말하기

예시

커피 가격에는 자리를 이용하는 값이 포함되어 있기 때문에 원하는 만큼 카페를 이용할 권리가 있다고 생각해요. 이른 아침이나 도서관이 닫히면 따로 공부할 만한 공간이 없어서 카페를 이용할 수밖에 없는 사람도 많아요. 요즘에는 제한 시간이 있어서 시간이 지나면 음료를 한 잔씩 추가로 주문해서 먹기 때문에 카페에 피해가 된다고는 생각하지 않아요. 카페에 단체로 와서 시끄럽게 떠들며 다른 사람의 휴식을 방해하는 것보다 조용히 공부하는 편이 낫다고 생각해요. 따라서 제한 시간을 지켜서 음료를 주문하고 다른 사람들에게 방해가 안 되게 조용히 이용한다면 문제가 되지 않는다고 생각해요.

Training 3 의견 말하기

연습 04 다음 대화를 듣고 이어서 말하세요.

Track 4-07

■ 상황 이해하기

1 두 사람은 어떤 주제로 대화하고 있습니까?

① 채식 ② 다이어트

2 여자의 말을 듣고 남자가 시작할 말로 알맞은 것을 고르십시오.

① 노인의 경우에도 근육량이 줄어들거나 면역력이 약해져서 위험할 수 있고요.

② 우유나 계란을 먹으면 되니까 성장에 필요한 영양소는 부족하지 않을 거예요. 단백질이 풍부한 콩도 있고요.

남자가 시작할 말 [번]

이어서 말하기

- 건강해지기 위해 채식을 하는 것이기 때문에 걱정하지 않으셔도 될 거예요.
-
-
-

[정답] 1. ① 2. ②

의견 반박하기

우유나 계란을 먹으면 되니까 성장에 필요한 영양소는 부족하지 않을 거예요. 단백질이 풍부한 콩도 있고요. 건강해지기 위해 채식을 하는 것이기 때문에 걱정하지 않으셔도 될 거예요.

TYPE 04 Training 3 의견 말하기

예시

Track 4-08

우유나 계란을 먹으면 되니까 성장에 필요한 영양소는 부족하지 않을 거예요. 단백질이 풍부한 콩도 있고요. 건강해지기 위해 채식을 하는 것이기 때문에 걱정하지 않으셔도 될 거예요. 채식을 하면 좋은 점이 많아요. 육식을 위해 공장형 농장에서 길러지는 수많은 동물들의 피해를 줄일 수 있어요. 또 당뇨와 비만을 예방할 수 있고 암에도 잘 걸리지 않는다고 해요. 몸도 가벼워져서 피곤하지 않고 피부도 좋아진다고 하니까 장점이 많은 것 같아요. 영양의 균형을 잘 생각해서 채식을 한다면 오히려 건강하게 살 수 있지 않을까요?

Training 3 의견 말하기

연습 05 다음 대화를 듣고 이어서 말하세요.

Track 4-09

■ 상황 이해하기

1 두 사람은 어떤 주제로 대화하고 있습니까?

① 플라스틱 쓰레기　　② 밀키트 식품

2 여자의 말을 듣고 남자가 시작할 말로 알맞은 것을 고르십시오.

① 그렇게 나쁜 점만 있는 게 아니에요.

② 들어간 재료도 좋지 않고 플라스틱 사용 증가로 환경이 오염될 수 있거든요.

남자가 시작할 말 [　　번]

이어서 말하기

●

●

●

●

[정답] 1. ②　2. ①

■ 의견 반박하기

그렇게 나쁜 점만 있는 게 아니에요.

예시

그렇게 나쁜 점만 있는 게 아니에요. 바빠서 밥을 챙겨 먹을 수 없는 사람들에게는 간단하고 빨리 식사를 해결할 수 있어서 좋아요. 물론 신선한 채소와 과일을 먹기는 어렵지만 요즘에는 영양소가 골고루 들어 있어서 걱정할 정도는 아닌 것 같아요. 밀키트 식품의 종류가 다양해져서 맛있고 건강하게 먹을 수 있고요. 그리고 무엇보다 재료 준비를 하지 않아도 완벽한 한 끼를 먹을 수 있어서 편리하더라고요. 멀리 식당에 가거나 배달 음식을 시키지 않아도 돼서 밀키트를 이용하는 것도 좋다고 생각해요.

Training 3 의견 말하기

연습 06 다음 대화를 듣고 이어서 말하세요.

Track 4-11 

■ 상황 이해하기

1 두 사람은 어떤 주제로 대화하고 있습니까?

① 학교 숙제 ② 공부 방법

2 여자의 말을 듣고 남자가 시작할 말로 알맞은 것을 고르십시오.

① 숙제로 인해 학생들이 자유롭게 공부할 수 있는 시간을 빼앗기 때문 아닐까요?

② 배운 것을 깊이 이해할 수 있어서 시험을 볼 때 좋은 점수를 받을 수 있을 거예요.

남자가 시작할 말 [번]

이어서 말하기
-
-
-
-

[정답] 1. ① 2. ①

의견 반박하기

숙제로 인해 학생들이 자유롭게 공부할 수 있는 시간을 빼앗기 때문 아닐까요?

예시

Track 4-12

숙제로 인해 학생들이 자유롭게 공부할 수 있는 시간을 빼앗기 때문 아닐까요? 공부는 스스로 흥미를 가지고 해야 하는 건데 숙제를 마치는 것에 에너지와 시간을 쓰다 보면 자유롭게 공부할 시간을 잃게 될 수 있어요. 또 선생님이나 부모님에 의해 시키는 대로 숙제를 하다 보면 공부 목적이나 자신의 공부 방법을 찾기가 어려워져요. 공부는 점수를 잘 받기 위해 하는 게 아니니까요. 목표 의식이 없고 능력이 부족한 경우에는 숙제에 부담만 가지게 되어 공부 습관을 기르기도 힘들뿐더러 공부에 흥미를 잃을 수 있어요. 이런 문제 때문에 학교에서 숙제를 없애려고 하는 것 같아요.

Speak up 실전 연습

01 대화를 듣고 이어서 말하십시오.

Track 4-13

❶ 질문을 듣고 메모하십시오.

❷ 40초 동안 대답을 준비하십시오.

❸ 60초 동안 대답을 하십시오.

02 대화를 듣고 이어서 말하십시오.

Track 4-14

❶ 질문을 듣고 메모하십시오.

❷ 40초 동안 대답을 준비하십시오.

❸ 60초 동안 대답을 하십시오.

Track 4-15

01

예시

(시작) 아이들이 어른들한테서 조용히 하라고 주의를 받다 보면 예절을 배울 수도 있겠죠.

(의견) 하지만 어른들이 이용하는 카페와 식당은 아이들이 이용하기에는 위험한 것들이 많아요. 뜨거운 커피나 음식, 그리고 뜨거운 냄비나 유리 그릇도 많아서 조심하지 않으면 크게 다칠 수 있거든요. 그렇기 때문에 노키즈존은 아이들을 위해서도 필요하다고 생각해요. 카페나 식당에서 손님을 많이 받을 수 없는데도 노키즈 존을 선택한 이유가 있을 테니까요.

발음 주의: 주의를[주이를], 많아요[마나요], 있거든요[읻꺼든요], 없는데도[엄는데도]

따라 읽기: 1회 ☐ 2회 ☐ 3회 ☐ 4회 ☐ 5회 ☐

Track 4-16

02

예시

(시작) 먹방을 보며 따라 먹다 보면 과식에 폭식까지 하는 경우가 많지요. 늦은 시간에 음식을 먹어서 수면에 방해가 될 때도 있고요.

(의견) 하지만 저녁 메뉴를 정하거나 맛집을 찾고 싶을 때 정보를 얻을 수 있어서 좋은 점도 많은 것 같아요. 그리고 다이어트를 할 때 먹고 싶은 음식을 방송에서 대신 먹어 주면 먹지 않고도 그 음식을 같이 즐길 수도 있어요. 먹방을 보고 따라 먹게 되면 과식이나 폭식을 하는 방송은 피하고 저녁 시간 이후에는 다른 방송을 보는 건 어때요?

발음 주의: 먹방[먹빵], 폭식[폭씩], 맛집[맏찝]

따라 읽기: 1회 ☐ 2회 ☐ 3회 ☐ 4회 ☐ 5회 ☐

Speak up 실전 연습

Track 4-17

03 대화를 듣고 이어서 말하십시오.

❶ 질문을 듣고 메모하십시오.

❷ 40초 동안 대답을 준비하십시오.

❸ 60초 동안 대답을 하십시오.

Track 4-18

04 대화를 듣고 이어서 말하십시오.

❶ 질문을 듣고 메모하십시오.

❷ 40초 동안 대답을 준비하십시오.

❸ 60초 동안 대답을 하십시오.

03

Track 4-19

예시

(시작) 글쎄요, 우리나라에서 버드 피딩이 꼭 필요할까요?

(의견) 우리나라는 아파트에서 사는 사람이 많다 보니 새의 배설물이 다른 층에 떨어져서 피해를 줄 거예요. 그리고 새 소리 때문에 소음에 시달릴 수도 있고요. 무엇보다 새의 먹이 그릇이나 공간을 깨끗하게 관리하지 않으면 사람들의 건강에 해를 끼칠 수 있어서 좋지 않다고 생각해요. 인간이 계속 도와준다면 새들도 스스로 살아갈 힘이 줄어들지 않을까요? 그래서 저는 우리나라 환경에는 적합하지 않다고 봐요.

발음 주의: 새의[새에], 그릇이나[그르시나], 관리[괄리], 적합하지[저카파지]

따라 읽기: 1회 □ 2회 □ 3회 □ 4회 □ 5회 □

04

Track 4-20

예시

(시작) 하지만 아이들이 스스로 조절할 수 있는 능력이 부족하기 때문에 여러 문제가 생길 수 있어요.

(의견) 그래서 저는 어릴 때부터 습관을 잘 기를 수 있도록 의무적으로 가정에서 잠금 주머니를 사용했으면 좋겠어요. 실제로 유튜브, 인스타그램 같은 소셜 네트워크 서비스로 인해 스마트폰에 중독되어 있는 어린이들이 많다고 해요. 밤 늦게까지 스마트폰을 보느라고 잠도 못 자서 수업 시간에 피곤해하는 아이도 많고요. 아이들 스스로 조절할 수 없으면 부모들이 스마트폰 사용 시간을 줄일 수 있도록 잠금 주머니를 활용하는 것은 좋다고 생각해요.

발음 주의: 많다고[만타고], 늦게까지[늗께까지], 있도록[읻또록]

따라 읽기: 1회 □ 2회 □ 3회 □ 4회 □ 5회 □

Speak up 실전 연습

05 대화를 듣고 이어서 말하십시오.

❶ 질문을 듣고 메모하십시오.

❷ 40초 동안 대답을 준비하십시오.

❸ 60초 동안 대답을 하십시오.

06 대화를 듣고 이어서 말하십시오.

❶ 질문을 듣고 메모하십시오.

❷ 40초 동안 대답을 준비하십시오.

❸ 60초 동안 대답을 하십시오.

Track 4-23

05

예시

(시작) 물론 생명이 있는 동물이니까 존중하는 게 맞다고 생각해요.

(의견) 반려동물을 기내에 데리고 타는 것은 찬성하지만 케이지 밖으로 꺼내는 것은 다른 승객들을 위해서 안 된다고 생각해요. 공간이 낯설고 불편해서 짖으면 비행기에서 쉬거나 자는 승객에게 피해를 줄 수도 있고 동물을 무서워하는 사람들에게 불편함을 줄 수 있기 때문이에요. 그리고 공기가 통하지 않는 실내에서 동물의 털 알레르기가 있는 사람들에게는 위험을 줄 수도 있고요. 반려동물과 함께 여행을 하는 사람들을 위해 반려동물 공간을 따로 만들거나 기내에 태울 때에는 케이지 밖으로 나오지 않도록 하면 좋지 않을까요?

발음 주의: 반려[발려], 낯설고[낟썰고], 실내[실래], 않도록[안토록], 좋지[조치]

따라 읽기: 1회 ☐ 2회 ☐ 3회 ☐ 4회 ☐ 5회 ☐

Track 4-24

06

예시

(시작) 그것도 맞는 말이지만 시험이 있어야 자신의 실력을 객관적으로 알 수 있다고 생각합니다.

(의견) 시험을 통해서 자신의 부족한 부분을 찾을 수 있고, 앞으로 얼마나 어떻게, 무엇을 더 공부해야 하는지에 대한 고민과 계획을 세울 수 있습니다. 시험 결과로 인해 좌절을 할 수도 있겠지만 그 좌절을 이겨내고 자신의 목표를 이뤄낸다면 그 성취감은 말로 표현할 수 없을 것입니다. 그리고 이렇게 공부하다 보면 스스로 공부하는 습관을 가질 수도 있고요. 따라서 시험은 자기 자신의 성장을 위해서는 꼭 필요하다고 생각합니다.

발음 주의: 그것도[그걷또], 자신의[자시네], 습관을[습꽈늘]

따라 읽기: 1회 ☐ 2회 ☐ 3회 ☐ 4회 ☐ 5회 ☐

Speak up 실전 연습

07 대화를 듣고 이어서 말하십시오.

Track 4-25 

❶ 질문을 듣고 메모하십시오.

❷ 40초 동안 대답을 준비하십시오.

❸ 60초 동안 대답을 하십시오.

08 대화를 듣고 이어서 말하십시오.

Track 4-26 

❶ 질문을 듣고 메모하십시오.

❷ 40초 동안 대답을 준비하십시오.

❸ 60초 동안 대답을 하십시오.

07

Track 4-27

예시

(시작) 그래도 우리가 환경을 보호하기 위해 작은 것부터 바꿔 나가는 것이 중요하다고 생각합니다.

(의견) 플라스틱은 해양 환경을 오염시키고 사람의 건강까지 위협하기 때문에 플라스틱 빨대의 사용을 금지해야 합니다. 특히 플라스틱 빨대는 분리 수거가 제대로 되지 않아서 재활용이 어렵고 분해하는 데에도 오랜 시간이 걸려서 가능한 한 사용하지 않는 것이 좋습니다. 그리고 플라스틱 빨대는 습관만 바꾸면 사용을 하지 않아도 불편하지 않을 것입니다. 따라서 플라스틱 빨대 사용을 전면적으로 금지해도 된다고 생각합니다.

발음 주의: 사람의[사라메], 위협하기[위혀파기], 분리[불리]

따라 읽기: 1회 □ 2회 □ 3회 □ 4회 □ 5회 □

08

Track 4-28

예시

(시작) 같은 세대끼리는 의사소통이 빠르고 관계도 친밀해질 수 있다고 생각해요.

(의견) 그런데 어른 세대들과는 의사소통이 안 되어서 세대 간의 언어 격차를 가져올 수 있다고 생각해요. 또한 10대 사이에서도 신조어를 모르는 경우 신조어를 사용하는 이들로부터 놀림을 받거나 소외당할 수 있어요. 그뿐만 아니라 SNS에서 많이 쓰이는 신조어가 일상생활에서도 활발히 사용되면서 한글이 훼손되고 있어요. 여기에서 더 큰 문제는 규범에 맞지 않는 신조어나 줄임말들을 비판 없이 사용하는 것이 큰 문제라고 생각해요. 이렇듯 신조어나 줄임말들이 사람들에게 혼동을 줄 수 있다는 점, 한글을 훼손할 수 있다는 점, 세대 간의 언어 격차가 생길 수 있다는 점에서 신조어 사용에 반대하는 입장이에요.

발음 주의: 의사[의사], 훼손되고[훼손되고], 이렇듯[이러튼]

따라 읽기: 1회 □ 2회 □ 3회 □ 4회 □ 5회 □

Speak up 실전 연습

09 대화를 듣고 이어서 말하십시오.

❶ 질문을 듣고 메모하십시오.

❷ 40초 동안 대답을 준비하십시오.

❸ 60초 동안 대답을 하십시오.

10 대화를 듣고 이어서 말하십시오.

❶ 질문을 듣고 메모하십시오.

❷ 40초 동안 대답을 준비하십시오.

❸ 60초 동안 대답을 하십시오.

Track 4-31

09

예시

(시작) 물론 아이가 관심 있어 하는 부분을 키워 줄 수 있어서 좋기는 하지요.

(의견) 그런데 그렇게 하려면 부모의 시간적, 정신적인 부담이 커질 수 있어요. 또한 부모의 교육 능력과 경제 여건에 따라 교육의 질이 달라질 수도 있어요. 만약 부모의 교육 내용과 진도가 학교의 수업과 지나치게 다를 경우 또래 아이들과의 능력 차이가 발생할 수 있어요. 그리고 가족의 일정에 맞추어 시간을 관리하다 보면 새로운 환경에 적응하거나 또래와 어울리는 것에 어려움을 느낄 수 있다는 거예요. 그래서 저는 웬만하면 홈스쿨링을 하는 것에 찬성하고 싶지 않아요.

발음 주의: 좋기는[조키는], 능력과[능녀꽈], 여건[여껀], 발생[발쌩]

따라 읽기: 1회 □ 2회 □ 3회 □ 4회 □ 5회 □

Track 4-32

10

예시

(시작) 그렇긴 하죠, 과유불급이라고 뭐든지 지나치면 나쁜 영향을 미치지요.

(의견) 그런데 SNS는 좋은 점도 많아요. SNS의 세계에서는 나이, 성별, 국가, 인종을 모두 초월한 아주 다양한 사람을 접할 수 있을 뿐만 아니라 그들이 전문가든 비전문가든 다양한 의견을 들을 수 있거든요. 그리고 시간과 장소의 제약 없이 빠르게 정보도 수집할 수 있고요. 무엇보다도 SNS를 통해서 비슷한 관심사, 취미 등을 공유하는 사람들과 연결할 수 있고 멀리 떨어져 있는 사람들과도 쉽게 소통할 수 있게 해 줘요. 좋은 점이 많으니까 한번 이용해 보세요.

발음 주의: 그렇긴[그러킨], SNS의[에스에네스에], 접할 수[저팔수], 의견을[의겨늘], 수집할[수지팔]

따라 읽기: 1회 □ 2회 □ 3회 □ 4회 □ 5회 □

유형5

자료 해석하기

strategy

- ☑ **2, 3개의 도표 및 그래프 등의 자료**를 보고 해석하는 문제입니다. **제시된 자료**들의 **관계**를 잘 설명해야 합니다.
- ☑ 자료에 제시된 키워드를 긴 문장으로 말을 하되, **자신의 생각을 덧붙여야** 합니다.
- ☑ 자료에 있는 **어휘와 숫자**를 정확하게 말해야 합니다.
- ☑ 자료 설명을 위한 **필수 표현**을 외워서 연습하면 좋습니다.
- ☑ **70초** 동안 준비하고 **80초** 동안 말해야 합니다.
  - 제시된 자료를 보고 사용할 표현을 메모하십시오.
- ☑ **8~9문장 정도**로 대답해야 합니다.
  - 메모한 것을 연결해서 말하십시오.
- ☑ **'-습니다'** 표현으로 말하십시오.

Training 1 자료 해석 표현 익히기

참고 자료를 설명할 때

- 발표 자료 에 따르면

환경부 발표**에 따르면** 전기 차 판매량은 2014년에 7천 대에서 2023년에는 5만 6천 대로 크게 증가하였습니다.

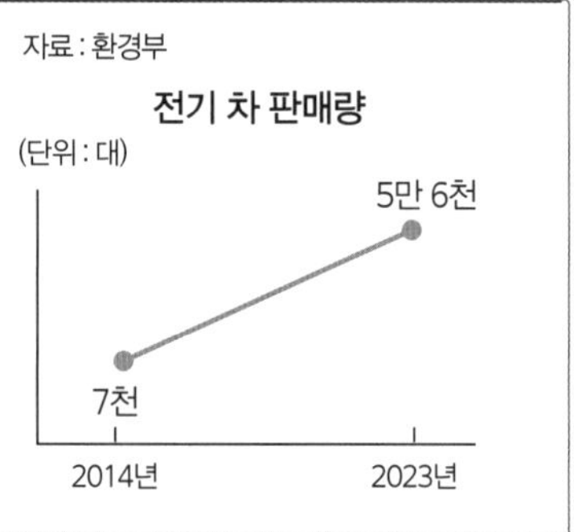

도표의 증가(감소)를 설명할 때

- 연도 에 숫자 에서 연도 에는 숫자 로 증가하였습니다

전기 차 판매량은 2014년**에** 7천 대**에서** 2023년**에는** 5만 6천 대**로 크게 증가하였습니다.**

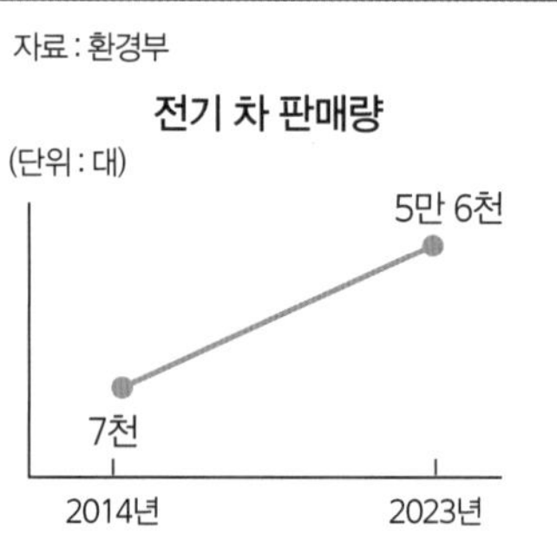

- 연도 에 숫자 에서 연도 에는 숫자 로 감소하였습니다

전기 차 판매량은 2014년**에** 5만 7천 대**에서** 2023년**에는** 7천 대**로 크게 감소하였습니다.**

- 연도 에 숫자 에서 연도 에는 숫자 로 증가하다가 연도 에는 숫자 로 감소하였습니다

전기 차 판매량은 2015년**에** 6천 대**에서** 2018년**에는** 4만 7천 대**로 증가하다가** 2020년**에는** 3만 대**로 감소하였습니다.**

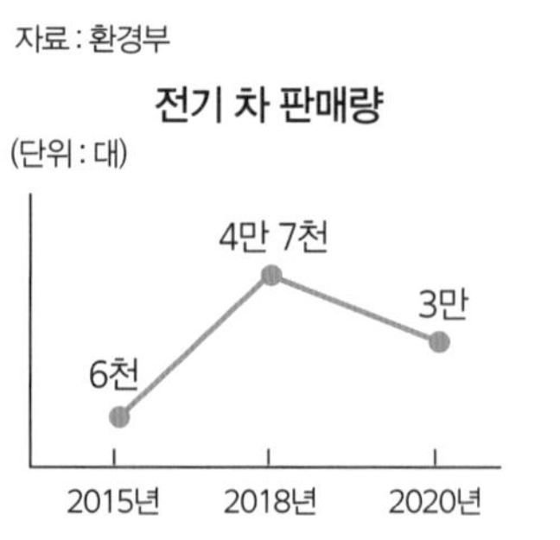

설문 조사 결과를 설명할 때

- 1위 가 숫자 로 가장 높게 나타났습니다. 그 다음으로 2위 가 숫자 , 마지막으로 3위 가 숫자 로 그 뒤를 이었습니다.

한국 방문 목적으로 관광**이** 95%**로 가장 높게 나타났습니다. 그 다음으로** 친척 방문**이** 55%, **마지막으로** 학업**이** 30%**로 그 뒤를 이었습니다.**

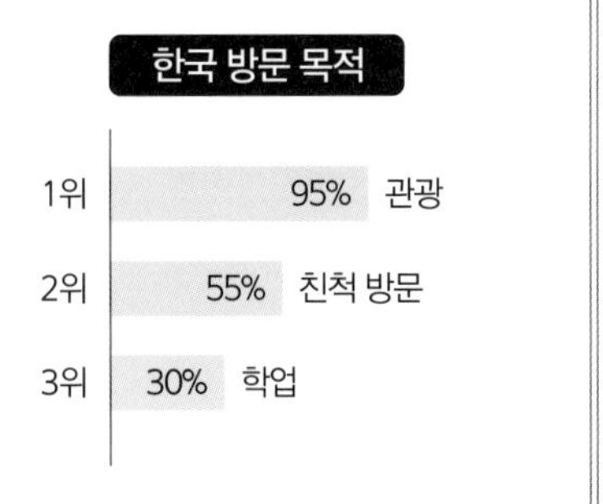

도표의 변화 이유를 설명할 때

- 이렇게 급증한 이유는 첫째 이유 기 때문입니다

이렇게 전기 차 판매량이 **급증한 이유는 첫째**, 충전 시간이 많이 줄어들었**기 때문입니다. 둘째**, 1회 충전으로 갈 수 있는 주행 거리가 예전에 비해 늘었**기 때문입니다.**

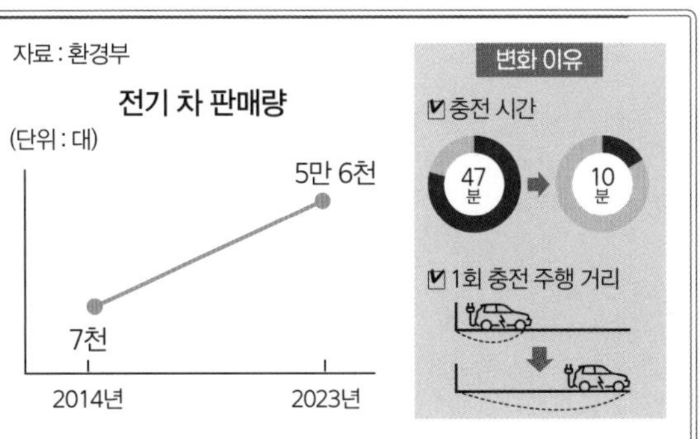

전망(예상) 설명할 때

- 앞으로 도표 키워드 는 증가할 것으로 보입니다

앞으로 전기 차 판매량은 지속적으로 **증가할 것으로 보입니다.**

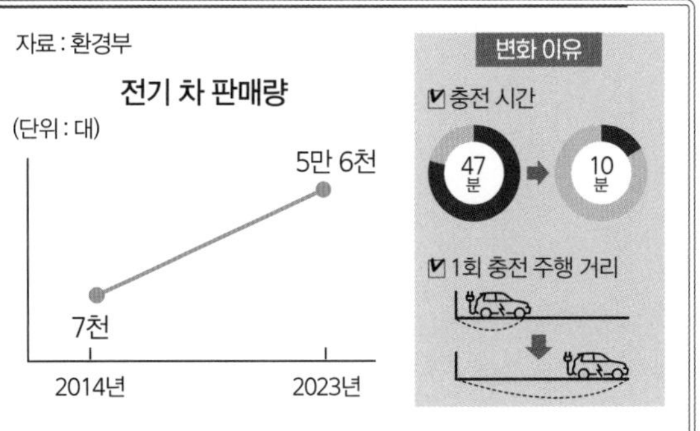

✪ 시험에서는 전망이나 예상에 대한 키워드가 제시되지 않습니다. 도표와 변화 이유를 보고 앞으로의 변화를 예상해서 말해야 합니다.

Training 2 도표 파악하기

■ 도표를 설명하십시오.

01

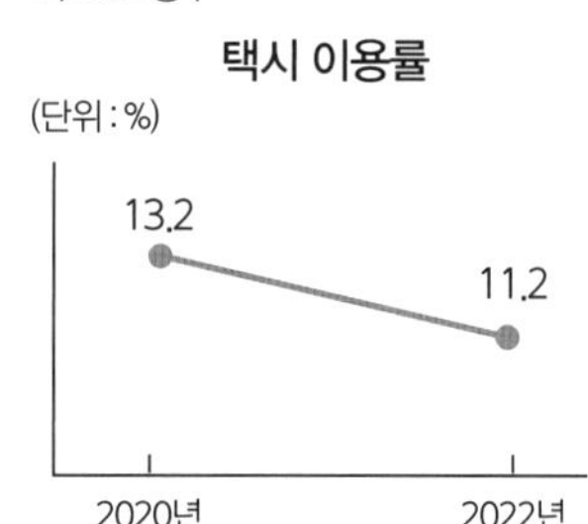

02

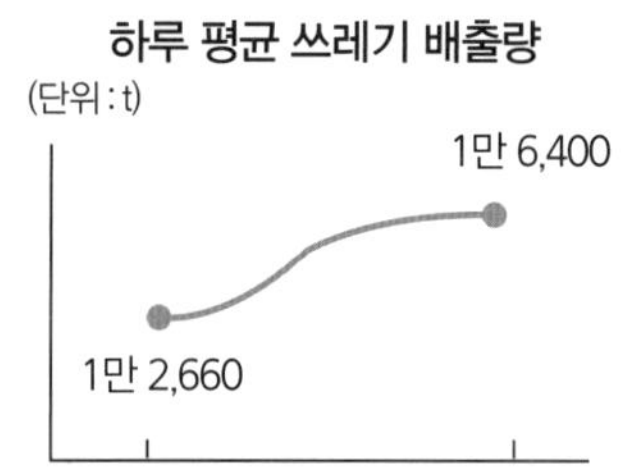

예시

01 교통부 자료에 따르면 택시 이용률은 2020년에 13.2%에서 2022년에는 11.2%로 감소하였습니다.

02 환경부 자료에 따르면 하루 평균 쓰레기 배출량은 2014년에 1만 2,660톤에서 2024년에는 1만 6,400톤으로 크게 증가하였습니다.

■ 변화 이유와 전망을 설명하십시오.

01

변화 이유
☑ 비싼 택시 요금
☑ 편리한 대중 교통

(이유) ....

....

....

(전망) ....

....

....

02

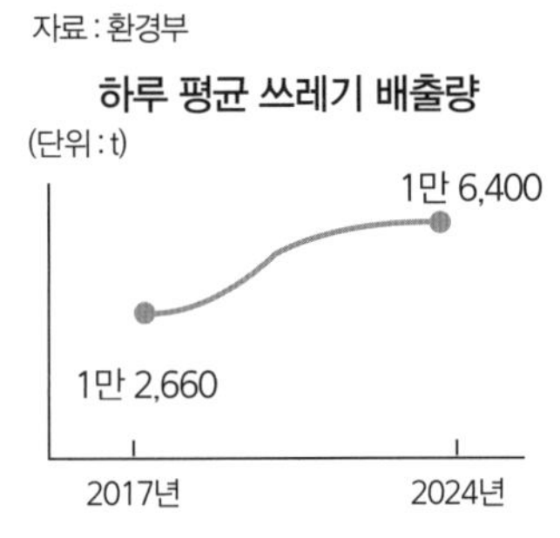

변화 이유

☑ 배달과 택배 주문 증가

☑ 택배 과대 포장

(이유) ....

....

....

(전망) ....

....

....

예시

01 **(이유)** 이렇게 택시 이용률이 감소한 이유는 첫째, 비싼 택시 요금이 경제적으로 부담되기 때문입니다. 둘째, 버스, 지하철 등의 대중교통을 이용하는 것이 편리하기 때문입니다.

(전망) 앞으로 택시를 이용하는 사람은 점점 적어질 것으로 보입니다.

02 **(이유)** 이렇게 쓰레기 배출량이 급증한 이유는 첫째, 배달과 택배 주문이 증가하고 있기 때문입니다. 둘째, 택배를 포장할 때 과대 포장하는 업체가 늘어나고 있기 때문입니다.

(전망) 앞으로 집에서 배출하는 쓰레기량은 줄어들지 않을 것으로 보입니다.

Training 2 도표 파악하기

■ 설문 조사 결과를 설명하십시오.

01

외국인이 좋아하는 한식

1위	87%	삼겹살
2위	35%	떡볶이
3위	15%	비빔밥

02

청소년이 희망하는 직업

1위	68%	유튜버
2위	18%	공무원
3위	14%	의사

01

예시

외국인이 좋아하는 한식으로 삼겹살이 87%로 가장 높게 나타났습니다. 그 다음으로 떡볶이가 35%, 비빔밥이 15%로 그 뒤를 이었습니다.

02

예시

청소년이 희망하는 직업으로 유튜버가 68%로 가장 높게 나타났습니다. 그 다음으로 공무원이 18%, 의사가 14%로 그 뒤를 이었습니다.

Training 3 자료 해석하기

연습 01 자료에 제시된 사회 현상을 설명하십시오. 그리고 그 현상의 이유와 전망에 대해 말하십시오.

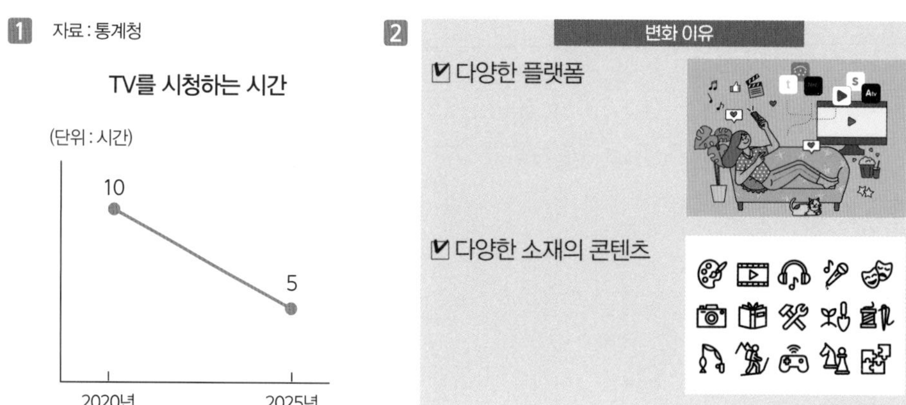

1 도표 설명하기

..................에 따르면 TV를 시청하는 시간이 ....

2 이유 설명하기

✪키워드를 긴 문장으로 말을 하되, 자신의 생각을 한두 문장 덧붙여야 합니다.

이유 ①

이렇게 TV를 시청하는 시간이 크게 줄어든 이유는 첫째, ...

....

⊕ 덧붙이기

과거에는 텔레비전에 방송된 영상만을 선택해서 시청할 수 있었습니다. 그러나 지금은 유튜브, 넷플릭스, 틱톡 등 다양한 플랫폼을 통해서 세계 여러 나라의 동영상을 접할 수 있게 되었습니다.

이유 ②

둘째, ...

....

⊕ 덧붙이기

규제가 있는 TV와 달리 다양한 장르와 주제로 영상을 제작할 수 있어 창의적이고 신선한 콘텐츠가 많습니다.

3 전망 말하기

✪시험에서는 전망이나 예상에 대한 키워드가 제시되지 않습니다. 도표와 변화 이유를 보고 앞으로의 변화를 예상해서 말해야 합니다.

앞으로 사람들이 TV를 보는 시간은 점점 ....

왜냐하면 인터넷이 연결된 모든 기기에서 시청이 가능하기 때문에 꼭 TV가 아니어도 앱을 통해서 언제, 어디서나 영상을 볼 수 있기 때문입니다.

예시

Track 5-01

1 도표 설명하기

통계청 자료에 따르면 TV를 시청하는 시간이 2020년에 10시간에서 2025년에는 5시간으로 크게 줄어들었습니다.

2 이유 설명하기

이유 ①

이렇게 TV를 시청하는 시간이 크게 줄어든 이유는 첫째, 유튜브, 넷플릭스 등 다양한 플랫폼이 등장했기 때문입니다.

덧붙이기

과거에는 텔레비전에 방송된 영상만을 선택해서 시청할 수 있었습니다. 그러나 지금은 유튜브, 넷플릭스, 틱톡 등 다양한 플랫폼을 통해서 세계 여러 나라의 동영상을 접할 수 있게 되었습니다.

이유 ②

둘째, TV에서 다루는 콘텐츠보다 유튜브나 넷플릭스 등의 플랫폼에서는 다양한 주제로 만들어진 영상들이 많기 때문입니다.

덧붙이기

규제가 있는 TV와 달리 다양한 장르와 주제로 영상을 제작할 수 있어 창의적이고 신선한 콘텐츠가 많습니다.

3 전망 말하기

앞으로 사람들이 TV를 보는 시간은 점점 더 줄어들 것으로 보입니다.
왜냐하면 인터넷이 연결된 모든 기기에서 시청이 가능하기 때문에 꼭 TV가 아니어도 앱을 통해서 언제, 어디서나 영상을 볼 수 있기 때문입니다.

숫자 읽기: 2020년 이천 이십 년 10시간 열 시간 2025년 이천 이십 오 년 5시간 다섯 시간

Training 3 자료 해석하기

연습 02 자료에 제시된 사회 현상을 설명하십시오. 그리고 그 현상의 이유와 전망에 대해 말하십시오.

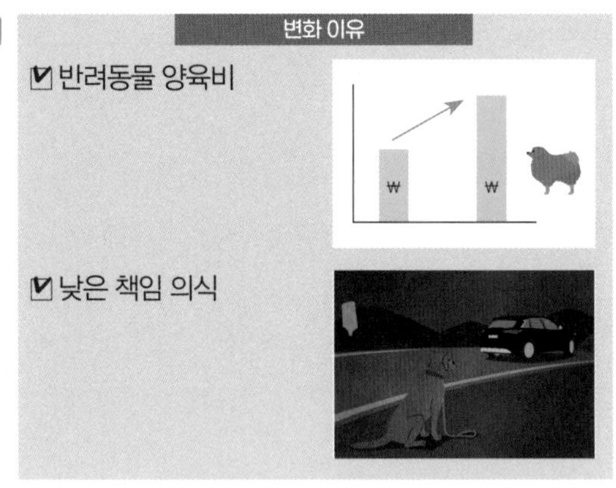

2
변화 이유
반려동물 양육비
낮은 책임 의식

1 도표 설명하기

.... 에 따르면 길거리에 버려지는 유기 동물의 수가 ....

2 이유 설명하기

키워드를 긴 문장으로 말을 하되, 자신의 생각을 한두 문장 덧붙여야 합니다.

이유 ❶

이렇게 .... 이유는 첫째, ...

....

덧붙이기

이로 인해 최근 몇 년간 경제 사정이 어려워지면서 버려지는 반려동물이 급증하고 있습니다.

이유 ❷

둘째, ...

덧붙이기

반려동물도 가족의 구성원으로 생각하고 평생 함께 하겠다는 책임 의식이 무엇보다도 중요하다고 생각합니다. 그러나 최근에는 귀엽다는 이유로 충동적으로 반려동물을 데리고 왔다가 병이 들면 책임을 지지 않고 쉽게 버리는 사람이 늘어나고 있습니다.

3 전망 말하기

시험에서는 전망이나 예상에 대한 키워드가 제시되지 않습니다. 도표와 변화 이유를 보고 앞으로의 변화를 예상해서 말해야 합니다.

앞으로 ....

왜냐하면 1인 가구 증가 등의 영향으로 반려동물과 더불어 살아가는 사람이 많아지면서 유기 동물도 그에 따라 증가할 것으로 보이기 때문입니다.

예시

Track 5-02

1 도표 설명하기

환경부 발표에 따르면 길거리에 버려지는 유기 동물의 수가 2000년에 6.0%에서 2020년에는 9.3%로 크게 증가하였습니다.

2 이유 설명하기

이유 ①

이렇게 유기 동물이 급증한 이유는 첫째, 반려동물을 기르는 데 돈이 많이 들기 때문입니다.

⊕ 덧붙이기

이로 인해 최근 몇 년간 경제 사정이 어려워지면서 버려지는 반려동물이 급증하고 있습니다.

이유 ②

둘째, 반려동물에 대한 책임 의식이 낮기 때문입니다.

⊕ 덧붙이기

반려동물도 가족의 구성원으로 생각하고 평생 함께 하겠다는 책임 의식이 무엇보다도 중요하다고 생각합니다. 그러나 최근에는 귀엽다는 이유로 충동적으로 반려동물을 데리고 왔다가 병이 들면 책임을 지지 않고 쉽게 버리는 사람이 늘어나고 있습니다.

3 전망 말하기

앞으로 길거리에 버려지는 유기 동물은 계속해서 증가할 것으로 보입니다.
왜냐하면 1인 가구 증가 등의 영향으로 반려동물과 더불어 살아가는 사람이 많아지면서 유기 동물도 그에 따라 증가할 것으로 보이기 때문입니다.

숫자 읽기: 2000년 이천 년 6.0% 육 점 영 퍼센트 2020년 이천 이십 년 9.3% 구 점 삼 퍼센트
1인 가구 일인 가구

Training 3 자료 해석하기

연습 03 자료에 제시된 사회 현상을 설명하십시오. 그리고 그 현상의 이유와 전망에 대해 말하십시오.

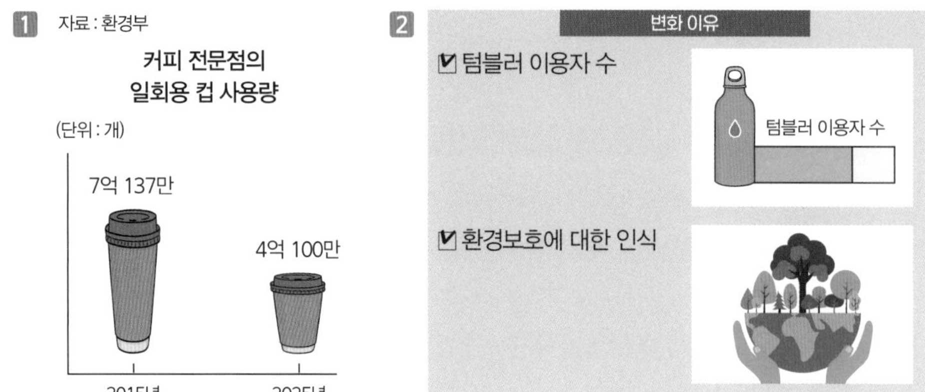

1 도표 설명하기

.... 커피 전문점의 일회용 컵 사용량이 ....

2 이유 설명하기

✪ 키워드를 긴 문장으로 말을 하되, 자신의 생각을 한두 문장 덧붙여야 합니다.

이유 ①

이렇게 .... 첫째, ...

....

⊕ 덧붙이기

....

....

이유 ②

둘째, ...

....

⊕ 덧붙이기

과거에는 환경에 대한 인식이 높지 않아서 일회용 컵을 많이 사용해 왔습니다. 그러나 최근에는 작은 행동으로 환경 보호에 동참하려는 사람이 늘고 있습니다.

3 전망 말하기

✪ 시험에서는 전망이나 예상에 대한 키워드가 제시되지 않습니다. 도표와 변화 이유를 보고 앞으로의 변화를 예상해서 말해야 합니다.

앞으로 커피 전문점에서 일회용 컵 사용량은 ....

왜냐하면 세계적으로 일회용 컵 사용을 규제하고 있고 시민들의 환경보호에 대한 관심이 증가하고 있기 때문입니다.

예시

Track 5-03

1 도표 설명하기

환경부 발표에 따르면 커피 전문점의 일회용 컵 사용량이 2015년에 7억 137만 개에서 2025년에는 4억 100만 개로 크게 감소하였습니다.

2 이유 설명하기

이유 ❶

이렇게 일회용 컵 사용량이 급감한 이유는 첫째, 개인 텀블러를 사용하는 사람이 많아졌기 때문입니다.

⊕ 덧붙이기

카페에서 개인 텀블러를 사용하면 쿠폰을 제공하거나 500~700원까지 할인을 해 주는 등 혜택도 다양해지고 있습니다.

이유 ❷

둘째, 환경 보호에 대한 소비자들의 인식이 많이 바뀌었기 때문입니다.

⊕ 덧붙이기

과거에는 환경에 대한 인식이 높지 않아서 일회용 컵을 많이 사용해 왔습니다. 그러나 최근에는 작은 행동으로 환경 보호에 동참하려는 사람이 늘고 있습니다.

3 전망 말하기

앞으로 커피 전문점에서 일회용 컵 사용량은 꾸준히 감소할 것으로 보입니다.
왜냐하면 세계적으로 일회용 컵 사용을 규제하고 있고 시민들의 환경보호에 대한 관심이 증가하고 있기 때문입니다.

숫자 읽기: 2015년 이천 십오 년　7억 137만개 칠억 백 삼십 칠만 개　2025년 이천 이십 오년
4억 100만개 사억 백만 개　500~700원 오백 원에서 칠백 원

Training 3 자료 해석하기

연습 04 자료에 제시된 사회 현상을 설명하십시오. 그리고 그 현상의 이유와 전망에 대해 말하십시오.

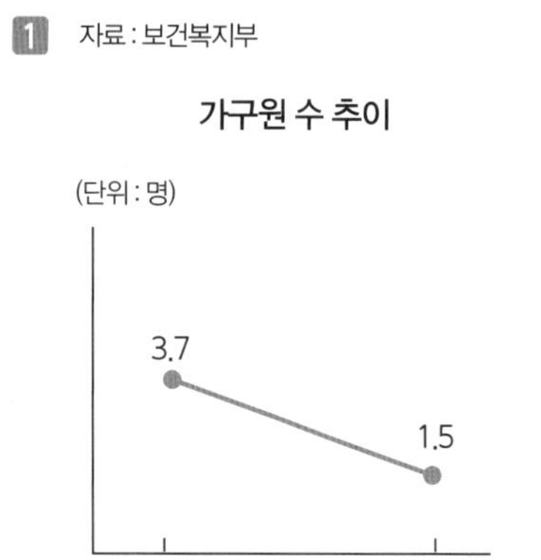

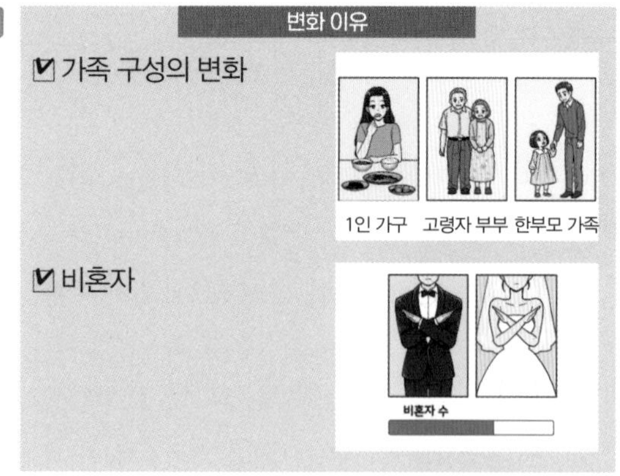

1 도표 설명하기

2 이유 설명하기

키워드를 긴 문장으로 말을 하되, 자신의 생각을 한두 문장 덧붙여야 합니다.

이유 ❶

이렇게 가구원의 수가 감소한 이유는 첫째, 가족 구성에 변화가 생겼기 때문입니다.

덧붙이기

이유 ❷

둘째, 개인의 삶을 중요하게 생각하는 비혼자가 많아졌기 때문입니다.

덧붙이기

3 전망 말하기

시험에서는 전망이나 예상에 대한 키워드가 제시되지 않습니다. 도표와 변화 이유를 보고 앞으로의 변화를 예상해서 말해야 합니다.

앞으로

왜냐하면

예시

1 도표 설명하기

보건복지부 발표에 따르면 가구원 수가 2010년에는 3.7명에서 2025년에는 1.5명으로 크게 감소하였습니다.

2 이유 설명하기

이유 ❶

이렇게 가구원의 수가 감소한 이유는 첫째, 가족 구성에 변화가 생겼기 때문입니다.

덧붙이기

과거에는 부부와 자녀가 함께 사는 가구가 대부분이었지만 현대사회에 들어오면서 1인 가구, 고령자 부부, 한부모 가족 등 다양하고 비전통적인 형태의 가족 유형이 증가하고 있습니다.

이유 ❷

둘째, 개인의 삶을 중요하게 생각하는 비혼자가 많아졌기 때문입니다.

덧붙이기

결혼을 하면 출산, 양육에 대한 부담이 커지고 개인 시간을 갖기가 힘들기 때문에 결혼을 꼭 하지 않아도 된다는 인식이 확대되고 있습니다.

3 전망 말하기

앞으로 가구원의 수는 꾸준히 감소할 것으로 보입니다.
왜냐하면 고령화로 인한 문제로 60세 이상의 고령층에서도 1인 가구가 확대되고 있기 때문입니다.

숫자 읽기: 2010년 이천 십 년 3.7명 삼 점 칠 명 2025년 이천 이십 오 년 1.5명 일 점 오 명

Training 3 자료 해석하기

연습 05 자료에 제시된 사회 현상을 설명하십시오. 그리고 그 현상의 이유와 전망에 대해 말하십시오.

1 자료 : 통계청

소셜 미디어에서
물건을 사고 파는 이용자 수

(단위 : 명)

연도	이용자 수
2020년	5억
2025년	14억

2

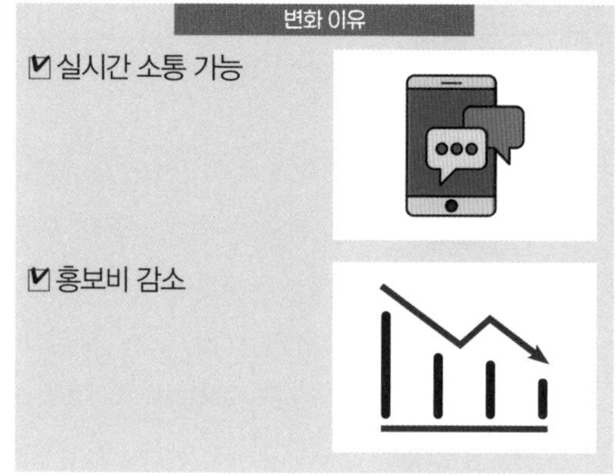

변화 이유
실시간 소통 가능
홍보비 감소

1 도표 설명하기

....

2 이유 설명하기

키워드를 긴 문장으로 말을 하되, 자신의 생각을 한두 문장 덧붙여야 합니다.

이유 ❶

....

....

덧붙이기

판매자는 인스타그램, 페이스북, 틱톡 등 다양한 소셜 미디어를 통해서 실시간으로 제품을 설명할 수 있을 뿐만 아니라 실시간 상호 작용을 통해 고객들과 직접 소통할 수 있습니다.

이유 ❷

둘째, ...

....

덧붙이기

....

....

3 전망 말하기

시험에서는 전망이나 예상에 대한 키워드가 제시되지 않습니다. 도표와 변화 이유를 보고 앞으로의 변화를 예상해서 말해야 합니다.

앞으로 ....

....

....

예시

1 도표 설명하기

Track 5-05

통계청 자료에 따르면 소셜 미디어에서 물건을 사고파는 이용자 수가 2020년에 5억 명에서 2025년에는 14억 명으로 크게 증가하였습니다.

2 이유 설명하기

이유 ❶

이렇게 소셜 미디어에서 물건을 사고파는 이용자 수가 급증한 이유는 첫째, 판매자와 소비자 간의 실시간 소통이 가능해졌기 때문입니다.

⊕ 덧붙이기

판매자는 인스타그램, 페이스북, 틱톡 등 다양한 소셜 미디어를 통해서 실시간으로 제품을 설명할 수 있을 뿐만 아니라 실시간 상호 작용을 통해 고객들과 직접 소통할 수 있습니다.

이유 ❷

둘째, 소셜 미디어를 활용하면 큰돈을 들이지 않고 상품을 홍보할 수 있습니다.

⊕ 덧붙이기

잡지나 TV 등에서 홍보하려면 많은 비용이 들지만 소셜 미디어를 통해서 홍보를 할 때는 비용이 들지 않습니다.

3 전망 말하기

앞으로 소셜 미디어를 통해 물건을 파는 운영자나 그 물건을 사는 소비자 모두 증가할 것으로 보입니다.
판매자와 구매자 간의 실시간 쌍방 소통에 대한 소비자 욕구는 더욱 강해질 것이고 기술 발전으로 판매자와 구매자 간 실시간 쌍방 소통은 더욱 쉬워질 것이기 때문입니다.

✪ **숫자 읽기:** 2020년 이천 이십 년 5억 명 오억 명 2025년 이천 이십 오 년 14억 명 십사억 명

Speak up 실전 연습

01 자료를 설명하고 의견을 제시하십시오.

Track 5-06

자료 : 경제부

키오스크 시장 규모

(단위 : 원)

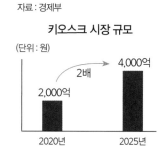

2,000억 → 2배 → 4,000억

2020년 2025년

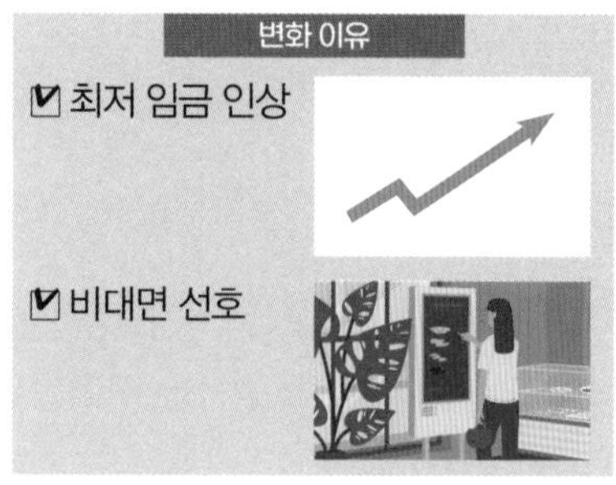

❶ 70초 동안 대답을 준비하십시오.

❷ 80초 동안 대답을 하십시오.

02 자료를 설명하고 의견을 제시하십시오.

Track 5-07

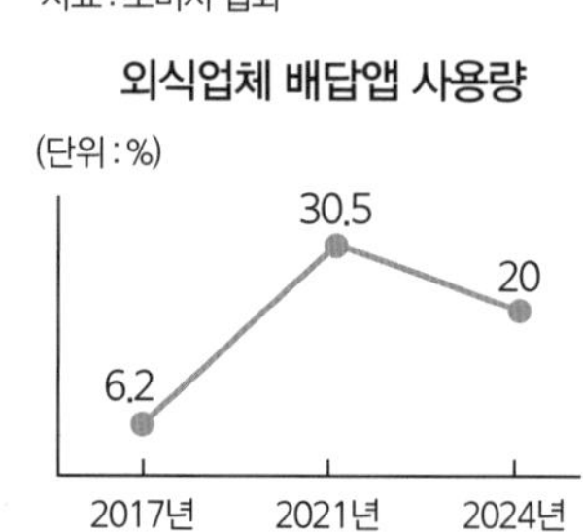

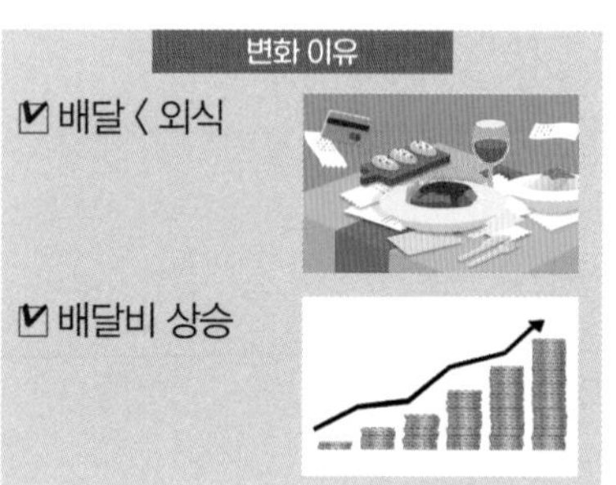

❶ 70초 동안 대답을 준비하십시오.

❷ 80초 동안 대답을 하십시오.

01

Track 5-08

🔍 예시

(도표 설명) 경제부 발표에 따르면 키오스크 시장 규모가 2020년에 2,000억 원에서 2025년에는 4,000억 원으로 두 배 증가하였습니다.

(변화 이유) 이렇게 키오스크 시장 규모가 급증한 이유는 첫째, 최저 임금이 대폭 인상되었기 때문입니다. 최저 임금이 높아짐에 따라 가게를 운영하는 사람들이 직원을 고용하기가 부담스러워졌습니다. 둘째, 코로나 팬데믹 이후로 대면보다는 비대면 운영을 더욱 선호하는 사람들이 많아졌습니다. 키오스크를 이용하면 직원 눈치를 보지 않아도 되고 메뉴 선택과 결제 시간이 빠르기 때문입니다.

(전망) 앞으로 키오스크의 시장 규모는 더욱 더 확대될 것으로 보입니다. 왜냐하면 가게를 운영하는 자영업자들과 가게를 이용하는 고객들 모두 키오스크를 선호하는 방향으로 변화하고 있기 때문입니다.

숫자 읽기: 2020년 이천 이십 년 2,000억 원 이천 억 원 2025년 이천 이십 오 년 4,000억 원 사천 억 원

따라 읽기: 1회 ☐ 2회 ☐ 3회 ☐ 4회 ☐ 5회 ☐

02

Track 5-09

🔍 예시

(도표 설명) 소비자 협회 자료에 따르면 외식업체 배달앱 사용량이 2017년에 6.2%에서 2021년에 30.5%로 증가하다가 2024년에 20%로 감소하였습니다.

(변화 이유) 이렇게 배달앱 사용률이 다시 감소한 이유는 첫째, 음식을 배달해서 먹는 사람은 줄어든 반면 밖에 나가서 먹는 사람들이 많아졌기 때문입니다. 이는 팬데믹 이후로 외부 활동을 하는 사람이 많아진 것으로 보입니다. 둘째, 배달비가 비싸기 때문입니다. 배달비 상승으로 인해서 배달을 하지 않고 음식을 직접 포장해 가지고 와서 먹는 경우가 늘고 있습니다.

(전망) 배달비가 인하되지 않는 한 앞으로 배달앱 사용은 점차 줄어들 것으로 보입니다. 배달비가 인상되면 사람들이 배달 서비스를 이용하는 대신 포장하거나, 집에서 요리하는 빈도가 늘어날 가능성이 높기 때문에 결국, 배달 앱들의 매출 감소로 이어질 것입니다.

숫자 읽기: 2017년 이천 십칠 년 6.2% 육 점 이 퍼센트 2021년 이천 이십 일 년
30.5% 삼십 점 오 퍼센트 2024년 이천 이십 사 년 20% 이십 퍼센트

따라 읽기: 1회 ☐ 2회 ☐ 3회 ☐ 4회 ☐ 5회 ☐

Speak up 실전 연습

Track 5-10

03 자료를 설명하고 의견을 제시하십시오.

자료 : 서울경제신문

일하는 노인 비율

(단위 : %)

2015년	2025년
34.1	54.5

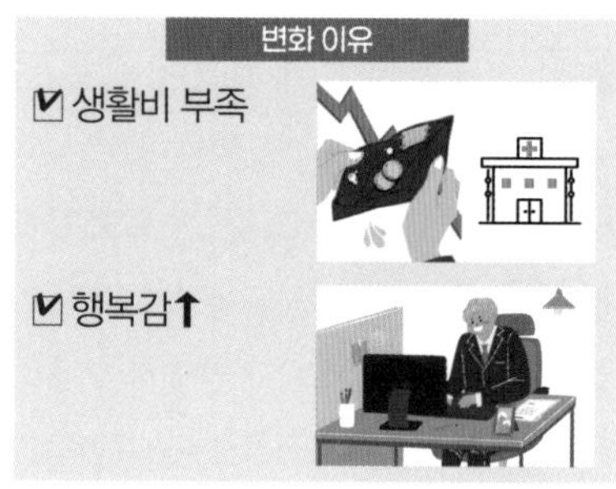

❶ 70초 동안 대답을 준비하십시오.

❷ 80초 동안 대답을 하십시오.

Track 5-11

04 자료를 설명하고 의견을 제시하십시오.

자료 : 통계청

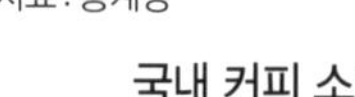

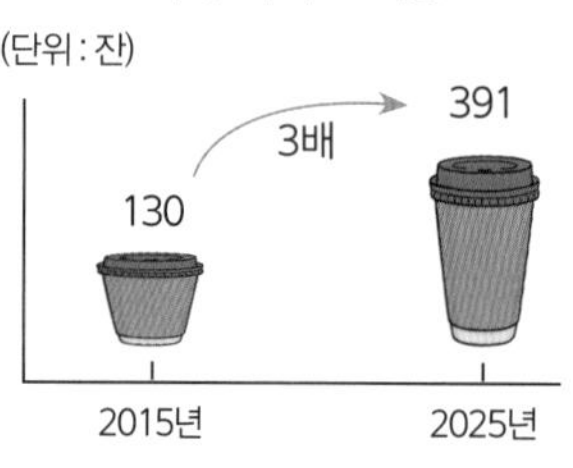

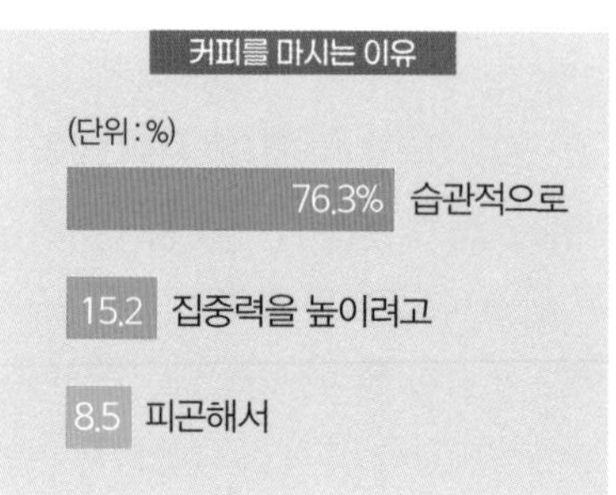

❶ 70초 동안 대답을 준비하십시오.

❷ 80초 동안 대답을 하십시오.

Track 5-12

03

예시

(도표 설명) 서울경제신문에서 일하는 노인의 비율을 조사한 결과 2015년에 34.1%에서 2025년에 54.5%로 크게 증가하였습니다.

(변화 이유) 이렇게 노인의 취업률이 증가한 이유는 첫째, 생활비가 부족하기 때문입니다. 노후 준비가 제대로 되지 않은 노인의 경우 국가에서 받는 연금만으로는 생활을 하는 데 어려움이 있습니다. 그리고 노년층이 되면 건강관리가 필요하기 때문에 검사비, 수술비 등의 병원비 지출이 늘어납니다. 둘째, 노인들이 일을 통해 행복감을 느끼고 싶어하기 때문입니다. 노인들은 직업 활동을 통해 자신의 삶의 가치를 실현하고 존재를 확인할 수 있는 기회가 됩니다.

(전망) 앞으로 일하는 노인들은 지금보다 더 많아질 것으로 보입니다. 따라서 노인들이 생계를 유지하고 병원비를 걱정하지 않고 이용할 수 있도록 정부에서는 노인들의 다양한 일자리 정책들을 마련해야 할 것입니다.

숫자 읽기: 2015년 이천 십 오 년 34.1% 삼십 사 점 일 퍼센트 2025년 이천 이십 오 년 54.5% 오십 사 점 오 퍼센트

따라 읽기: 1회 ☐ 2회 ☐ 3회 ☐ 4회 ☐ 5회 ☐

Track 5-13

04

예시

(도표 설명) 통계청 발표에 따르면 국내 커피 소비량이 2015년에 130잔에서 2025년에는 391잔으로 약 3배 증가하였습니다.

(변화 이유) 이렇게 커피를 마시는 이유에 대해 조사한 결과 '습관적으로'가 76.3%로 가장 높게 나타났습니다. 그 다음으로 '집중력을 높이려고'가 15.2%, 마지막으로 '피곤해서'가 8.5%로 그 뒤를 이었습니다. 커피에 들어 있는 카페인이 일시적으로 기억력과 집중력을 높여준다는 연구 결과가 있기는 하지만 너무 의존하게 되면 중독될 가능성이 있습니다.

(대안) 따라서 카페인 중독이 되지 않기 위해서는 습관적으로 마시는 커피의 양을 줄여나가고 피곤하거나 잠이 안 올 때는 커피 대신에 운동이나 산책을 하는 습관을 키우는 것이 중요하다고 생각합니다.

숫자 읽기: 2015년 이천 십 오 년 130잔 백 서른 잔 2025년 이천 이십 오 년 391잔 삼백 아흔 한 잔 3배 세 배 76.3% 칠십 육 점 삼 퍼센트 15.2% 십오 점 이 퍼센트 8.5% 팔 점 오 퍼센트

따라 읽기: 1회 ☐ 2회 ☐ 3회 ☐ 4회 ☐ 5회 ☐

Speak up **실전 연습**

05 자료를 설명하고 의견을 제시하십시오.

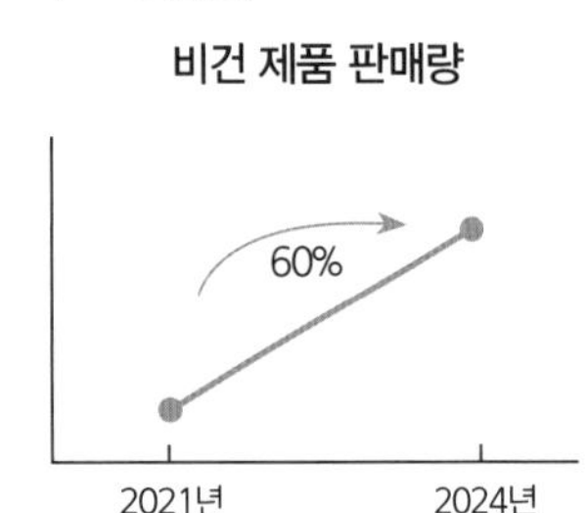

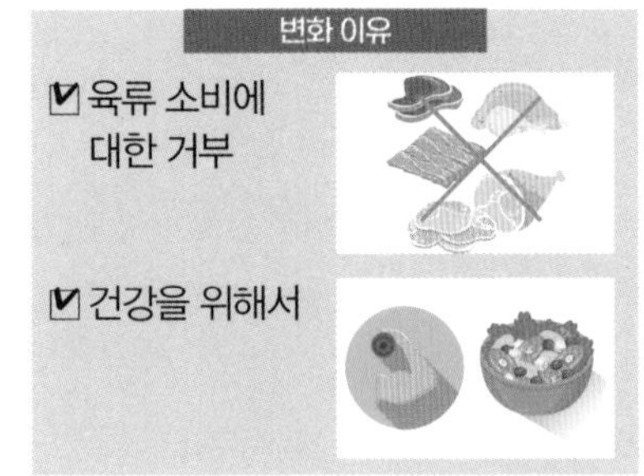

변화 이유
육류 소비에 대한 거부
건강을 위해서

❶ 70초 동안 대답을 준비하십시오.

❷ 80초 동안 대답을 하십시오.

06 자료를 설명하고 의견을 제시하십시오.

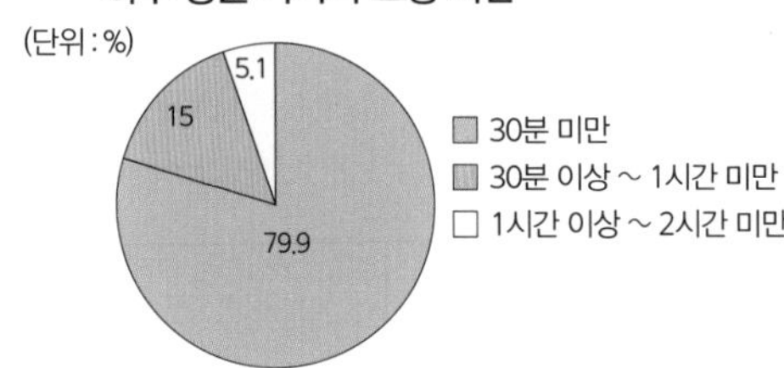

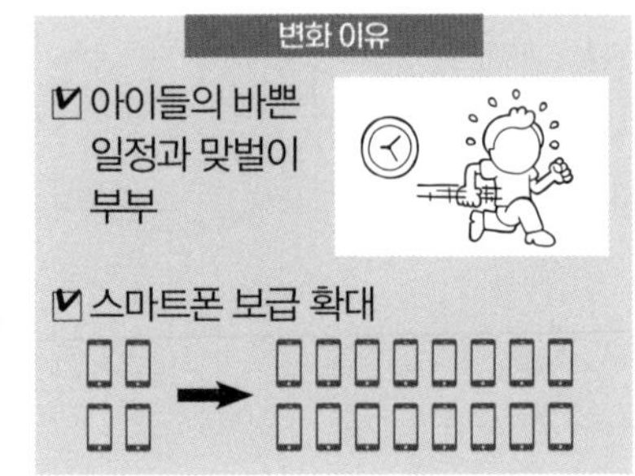

변화 이유
아이들의 바쁜 일정과 맞벌이 부부
스마트폰 보급 확대

❶ 70초 동안 대답을 준비하십시오.

❷ 80초 동안 대답을 하십시오.

05

Track 5-16

🔎 예시

(도표 설명) 식품안전부 발표에 따르면 비건 식품 판매량이 3년 만에 60% 증가하였습니다.

(변화 이유) 이렇게 비건 식품 판매량이 급증한 이유는 첫째, 환경 문제로 인해서 육류 소비에 대한 거부감이 늘어났기 때문입니다. 축산업이 배출하는 온실가스 배출량이 전체 이산화탄소 배출량의 18%에 해당한다고 합니다. 둘째, 자신의 건강을 위해서 비건 식품을 많이 찾기 때문입니다. 과일, 채소, 견과류 등 비건으로 식사를 하면 각종 질병을 예방하는 데에 도움이 됩니다.

(전망) 앞으로 소비자들은 윤리, 환경, 건강 등 다양한 이유로 비건 식품을 찾는 사람이 더 많아질 것으로 보입니다. 요즘에는 과거보다 더 다양한 식재료로 만들어진 대체육이나 다양한 식품들이 등장하고 있기 때문입니다.

숫자 읽기: 3년 삼 년 60% 육십 퍼센트 18% 십팔 퍼센트

따라 읽기: 1회 ☐ 2회 ☐ 3회 ☐ 4회 ☐ 5회 ☐

TYPE 05 Speak up 실전 연습

06

Track 5-17

🔎 예시

(도표 설명) 통계청 자료에 따르면 하루 평균 가족과 소통하는 시간에 대해 조사한 결과, 30분 미만이 79.9%, 30분 이상에서 1시간 미만이 15%, 1시간에서 2시간 미만이 5.1%인 것으로 나타났습니다.

(변화 이유) 이렇게 가족과 하루 평균 소통 시간이 적은 이유는 첫째, 아이들의 일정이 바빠지고 맞벌이 부부가 증가했기 때문입니다. 요즘에는 아이들은 학원이나 과외 일정을 마치고 집에 오면 밤 9시, 10시가 되는 경우가 많고 맞벌이 부부들은 각자의 경제 활동으로 가족들이 모두 모여서 식사하는 것도 많이 힘들어졌습니다. 둘째, 스마트폰 보급 문제를 들 수 있습니다. 스마트폰을 통해 영화, 음악, 게임 등 다양한 콘텐츠를 즐길 수 있기 때문에 가족들과 소통하는 대신 아이뿐만 아니라 어른들도 스마트폰에 몰두하는 사람이 많아졌습니다.

(전망) 이런 환경이 지속된다면 앞으로 가족과 소통하는 시간은 더 줄어들 것으로 보입니다. 어린 자녀가 있는 가정에서는 컴퓨터, TV, 스마트폰의 사용 규칙을 정하고 가족이 함께할 수 있는 취미생활과 식사 시간을 공유하는 노력이 필요할 것으로 보입니다.

숫자 읽기: 30분 삼십 분 79.9% 칠십 구 점 구 퍼센트 1시간 한 시간 15% 십오 퍼센트
2시간 두 시간 5.1% 오 점 일 퍼센트 9시 아홉 시 10시 열 시

따라 읽기: 1회 ☐ 2회 ☐ 3회 ☐ 4회 ☐ 5회 ☐

Speak up 실전 연습

07 자료를 설명하고 의견을 제시하십시오.

자료 : 서울시

직장 내 회식 때문에
스트레스를 받는가?

그렇다 73.8% | 그렇지 않다 26.2%

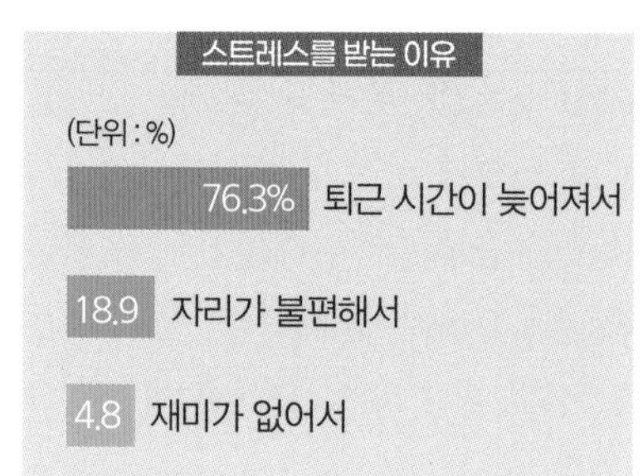

➊ 70초 동안 대답을 준비하십시오.

➋ 80초 동안 대답을 하십시오.

08 자료를 설명하고 의견을 제시하십시오.

자료 : 통계청

캠핑장 등록 수

(단위 : 곳)

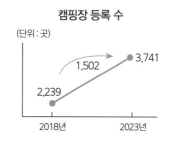

2018년: 2,239
2023년: 3,741
1,502

변화 이유
☑ 자연을 즐기는 사람 증가
☑ 가족, 친구들과 시간을 함께 보내는 사람 증가

➊ 70초 동안 대답을 준비하십시오.

➋ 80초 동안 대답을 하십시오.

07

Track 5-20

예시

(도표 설명) 서울시 발표에 따르면 '직장 내 회식 때문에 스트레스를 받는가?'라는 질문에 '그렇다'가 73.8%, '그렇지 않다'가 26.2%로 나타났습니다.

(변화 이유) 이렇게 회식 때문에 스트레스를 받는 이유에 대해서 '퇴근 시간이 늦어져서'라고 응답한 사람이 76.3%로 가장 많았습니다. 보통 퇴근 후에 회식을 하다 보면 회식이 길어질수록 개인의 시간을 가질 여유가 없어지기 때문입니다. 그 다음으로 '자리가 불편해서'가 18.9%로 나타났습니다. 회식 자리에는 직장 상사와 함께 하기 때문에 스트레스를 받는 경우가 많습니다. 마지막으로 '재미가 없어서'가 4.8%로 그 뒤를 이었습니다.

(대안) 직장인들이 스트레스를 받지 않고 회식 문화를 즐기기 위해서는 자율적으로 회식에 참석하게 하거나 직원들의 취향을 고려하여 모두가 즐겁게 참여할 수 있는 문화를 만들어야 할 것입니다.

숫자 읽기: 73.8% 칠십 삼 점 팔 퍼센트 26.2% 이십 육 점 이 퍼센트 76.3% 칠십 육 점 삼퍼센트 18.9% 십팔 점 구 퍼센트 4.8% 사 점 팔 퍼센트

따라 읽기: 1회 ☐ 2회 ☐ 3회 ☐ 4회 ☐ 5회 ☐

TYPE 05 Speak up 실전 연습

08

Track 5-21

예시

(도표 설명) 통계청 발표에 따르면 캠핑장 등록 수가 2018년에 2,239곳이었던 캠핑장이 2023년에는 3,741곳으로 5년 동안에 1,502곳이나 증가했습니다.

(변화 이유) 이렇게 캠핑장 수가 늘어난 이유는 첫째, 캠핑을 통해 자연을 즐기려고 하는 사람이 많아졌기 때문입니다. 캠핑장은 보통 숲이나 산 속에 있어서 가까이에서 숲을 체험할 수 있습니다. 둘째, 가족이나 친구와 더 많은 시간을 보내려고 하는 사람이 늘고 있기 때문입니다. 과거에는 차를 마시거나 하면서 시간을 보내는 경우가 많았습니다. 그러나 최근에는 캠핑장이라는 공간 안에서 같이 음식을 준비하고 야외 활동을 하면서 서로에 대해 알아가는 시간을 가지려고 하는 사람이 늘고 있습니다.

(전망) 앞으로 캠핑이 여행의 주요 트렌드로 자리 잡으며 꾸준히 인기를 얻을 것으로 예상됩니다. 캠핑장을 관리하거나 이용하는 사람들은 자연을 훼손하지 않도록 하며 안전하고 쾌적한 캠핑 문화가 정착되도록 노력해야 할 것입니다.

숫자 읽기: 2018년 이천 십팔 년 2,239곳 이천 이백 서른 아홉 곳 2023년 이천 이십 삼 년 3,741곳 삼천 칠백 마흔 한 곳 5년 오 년 1,502곳 천 오백 두 곳

따라 읽기: 1회 ☐ 2회 ☐ 3회 ☐ 4회 ☐ 5회 ☐

Speak up 실전 연습

09 자료를 설명하고 의견을 제시하십시오.

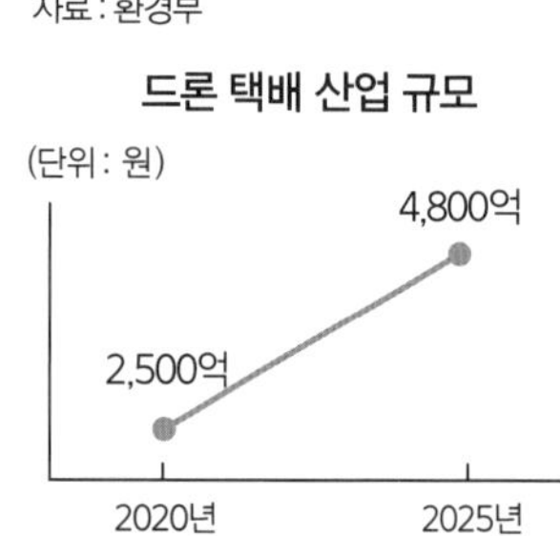

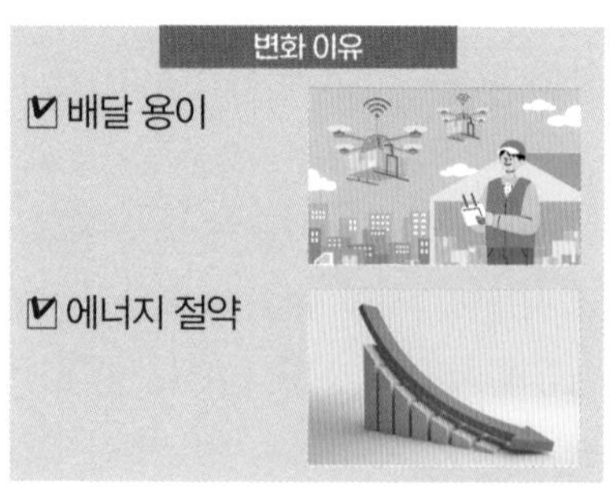

❶ 70초 동안 대답을 준비하십시오.

❷ 80초 동안 대답을 하십시오.

10 자료를 설명하고 의견을 제시하십시오.

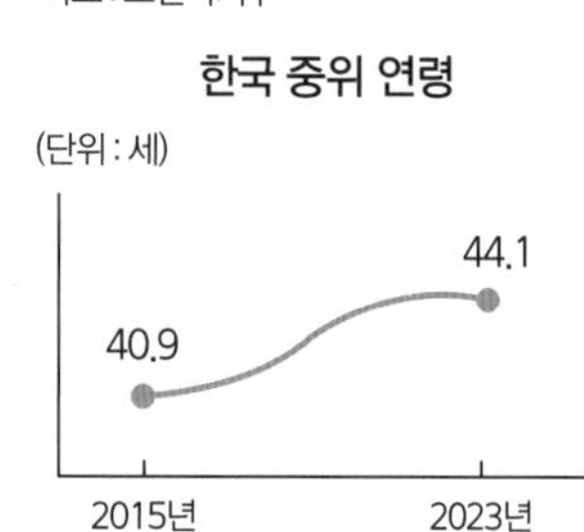

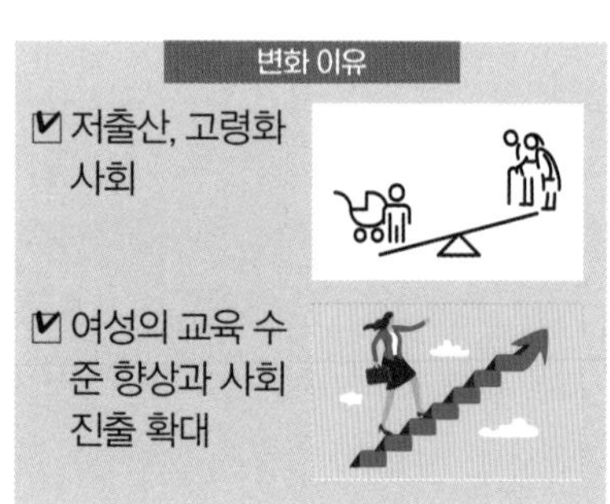

변화 이유
저출산, 고령화 사회
여성의 교육 수준 향상과 사회 진출 확대

❶ 70초 동안 대답을 준비하십시오.

❷ 80초 동안 대답을 하십시오.

Track 5-24

09

예시

(도표 설명) 환경부 발표에 따르면 드론 택배 산업 규모가 2020년에 2,500억 원에서 2025년에 4,800억 원으로 크게 증가하였습니다.

(변화 이유) 이렇게 드론 택배 산업 규모가 급증한 이유는 첫째, 교통이 불편한 지역에도 배달이 용이하기 때문입니다. 길이 잘 정비되어 있지 않아서 배달이 불가능한 농촌이나 섬 지역에도 배달할 수 있고 길이 막혀 배달 시간이 오래 걸리는 경우에 드론을 이용하면 빠른 시간에 배달할 수 있습니다. 둘째, 에너지를 절약할 수 있습니다. 오토바이나 차를 이용하면 이동 거리에 따라 연료 등의 에너지가 많이 들고 비용과 시간도 많이 들지만 드론을 이용할 경우 비용과 시간을 줄일 수 있습니다.

(전망) 이러한 장점 때문에 앞으로 드론을 이용한 택배 산업 규모가 증가할 것으로 보입니다. 그러나 그에 따른 사고 위험도 뒤따르고 있기 때문에 드론 조종 교육을 철저하게 해야 하며 택배를 도난당하거나 분실이 되지 않도록 시스템을 구축해야 할 필요가 있습니다.

숫자 읽기: 2020년 이천 이십 년 2,500억 원 이천 오백 억 원 2025년 이천 이십 오 년 4,800억 원 사천 팔백 억 원

따라 읽기: 1회 ☐ 2회 ☐ 3회 ☐ 4회 ☐ 5회 ☐

Track 5-25

10

예시

(도표 설명) 보건복지부 발표에 따르면 중위 연령이 2015년에 40.9세에서 2023년에 44.1세로 올라갔습니다.

(변화 이유) 이렇게 중위 연령이 올라간 이유는 첫째, 고령화로 인해 노인 인구가 늘어나고 있기 때문입니다. 과거보다 영양 상태가 좋아지고 의료 기술이 발달함에 따라 수명이 계속 증가하여 고령화가 되고 있습니다. 둘째, 여성의 교육 수준 향상과 사회 진출이 확대되면서 결혼과 출산에 대한 가치관이 변했기 때문입니다. 과거에는 결혼을 하면 전업주부가 되어서 아이를 낳는 것이 일반적이었습니다. 그러나 최근에는 경제적인 부담 때문에 아이를 낳지 않는 사람이 점점 많아지고 있으며 출산보다는 자신의 일에 집중하려고 하는 여성들이 많아졌습니다.

(전망) 앞으로 중위 연령은 점점 올라갈 것으로 예상됩니다. 저출산, 고령화 문제를 해결하기 위해 정부의 적극적인 대책이 마련되어야 할 것으로 보입니다.

숫자 읽기: 2015년 이천 십 오 년 40.9세 사십 점 구 세 44.1세 사십 사 점 일 세 2023년 이천 이십 삼 년

따라 읽기: 1회 ☐ 2회 ☐ 3회 ☐ 4회 ☐ 5회 ☐

유형6

의견 제시하기

strategy

☑ **사회적으로 논의되고 있는 주제**에 대해 의견을 말하는 문제입니다.

- 주제 : 환경 문제, 교육, 노동시장, 인권, 정치, 문화 차이, 사회적 불평등 등의 사회적 문제
- 질문의 앞부분에 주제에 대한 설명이 나오므로 꼭 메모하십시오.

☑ 문제에서 요구하는 **과제를 모두** 말해야 합니다. 과제는 보통 **2~3가지**입니다.

- 문제점, 원인, 해결 방법, 장단점, 찬성과 반대 등에 대한 자신의 의견을 말하십시오.
- 과제를 골라서 말하면 안 되며, 과제와 관계없는 대답은 하지 마십시오.

☑ **의견**을 분명하게 말하고 그 의견을 뒷받침하는 **근거**를 설명하십시오.

- 논리적으로 말하는 것이 중요합니다. 의견에 대한 근거까지 메모한 후에 말하십시오.

☑ **70초** 동안 준비하고 **80초** 동안 말해야 합니다.

- 과제를 모두 말하려면 순서대로 메모를 잘 해야 합니다.

☑ 긴 문장 **8~10문장 정도**로 말해야 합니다.

- 메모한 과제의 내용을 자연스럽게 연결해서 말하고, '-습니다' 표현으로만 말하십시오.

Training 의견 제시하기

연습 01 질문을 듣고 자신의 생각을 말해 보세요.

Track 6-01 

주제 생각해 보기

- 좋아하는 일이 스트레스가 된 적이 있습니까?
- 스트레스를 해소하는 방법을 세 가지 이상 말하십시오.
- 최근 무언가로 인해 압박을 느낀 일이 있습니까?
- 긴장이 될 때 어떻게 긴장을 풉니까?
- 어떻게 하면 쌓인 피로가 풀립니까?
- 최근 불안을 느낄 때가 있습니까?
- 불안을 해소하기 위해서 명상, 수면, 규칙적인 운동 중 어느 것이 가장 도움이 된다고 생각합니까?
- 힘들 때 긍정적인 생각을 유지하려고 노력하는 편입니까?

개요 구성하기

1) 언제 스트레스를 받아요? →
- ……………………

……………………

2) 스트레스에 대처하는 방법은? →
- 운동복으로 갈아입고 일단 밖으로 나간다.

⊕ 이유 ……………………

……………………

3) 나만의 스트레스 관리법은? →
- 스트레스가 쌓이지 않도록 잘 관리하는 것이 중요하다.

⊕ 대안 ……………………

……………………

한 번에 말해 봅시다

예시

■ 개요 구성하기

Track 6-02

1) 언제 스트레스를 받아요?  • 계획한 일이 제대로 되지 않을 때

2) 스트레스에 대처하는 방법은?  • 운동복으로 갈아입고 일단 밖으로 나간다.
⊕ 이유 환경을 바꾸고 몸을 움직이는 것이 중요하기 때문이다.

3) 나만의 스트레스 관리법은?  • 스트레스가 쌓이지 않도록 잘 관리하는 것이 중요하다.
⊕ 대안 재미있는 프로그램을 찾아보면서 긍정적인 마음을 유지한다.

■ 한 번에 말해 봅시다

1) 저는 계획한 일이 제대로 되지 않을 때 스트레스를 받습니다. 스트레스를 받으면 몸에 힘이 풀리고 기분이 우울해집니다. 그럴 때는 아무것도 하지 않고 누워 있고 싶습니다. 그렇지만 누워만 있게 되면 또 계획한 일들을 놓치게 되어 더 스트레스가 쌓입니다.

2) 그래서 스트레스가 더 쌓이지 않도록 운동복으로 갈아입고 일단 밖으로 나갑니다. 잠시라도 환경을 바꾸고 몸을 움직이는 것이 중요하기 때문입니다. 한 시간 이상 땀이 나도록 뛰고 나면 무거웠던 몸이 가벼워지고 우울했던 기분도 좋아집니다.

3) 스트레스가 아주 심할 때는 여행을 가거나 명상을 하면 도움이 되지만 스트레스가 쌓이지 않도록 잘 관리하는 것이 중요합니다. 스트레스를 잘 관리하기 위해서는 평소에 긍정적인 마음을 유지해야 합니다. 긍정적인 마음을 가지기 힘들 때는 재미있는 프로그램을 찾아 보며 실컷 웃습니다. 그러면 고민과 걱정이 작아지고 다시 일을 할 힘이 생깁니다.

스트레스 관련 어휘

스트레스가 되다	스트레스가 쌓이다	스트레스를 풀다	스트레스를 해소하다	스트레스를 관리하다
불안을 느끼다	긴장하다	긴장이 풀리다	명상하다	
숙면을 취하다	규칙적이다	긍정적이다	땀을 흘리다	

연습 02 질문을 듣고 자신의 생각을 말해 보세요.

Track 6-03

주제 생각해 보기

- 여러분 나라에서 유명한 문화재는 무엇입니까?
- 알고 있는 세계 문화 유산에 대해 이야기하십시오.
- 왜 문화 유산을 보호하는 것이 가치가 있다고 생각합니까?
- 문화 유산이 파괴되는 이유는 무엇입니까?
- 자연 재해로 인해서 손상된 문화 유산이 있습니까?
- 훼손된 문화재를 복구하는 데 시간이 얼마나 걸릴까요?
- 여러분 나라에서도 문화재에 낙서를 한 사건이 있습니까?
- 모든 문화재에 역사적 가치가 있다고 생각합니까?

개요 구성하기

1) 문화재에 낙서를 하는 것에 대한 나의 생각은?	→	• 문화재의 예술적, 역사적 가치가 손상된다. ⊕ 결과 ....
2) 문화재를 대하는 올바른 태도는?	→	• .... ⊕ 이유 ....
3) 문화재를 보존하기 위한 나의 생각은?	→	• 문화재에 대한 보호와 문화재의 가치를 알리는 지속적인 교육이 필요하다. ⊕ 방법 ....

한 번에 말해 봅시다

예시

Track 6-04

■ 개요 구성하기

1) 문화재에 낙서를 하는 것에 대한 나의 생각은?

→ • 문화재의 예술적, 역사적 가치가 손상된다.

⊕ 결과 이로 인해 역사적인 정보가 실제와 다르게 전달될 수 있다.

2) 문화재를 대하는 올바른 태도는?

→ • 역사와 문화를 소중히 생각하고 역사적인 가치를 인정하는 태도가 필요하다.

⊕ 이유 우리 문화의 지속적인 발전과 보존을 위해 매우 중요하기 때문이다.

3) 문화재를 보존하기 위한 나의 생각은?

→ • 문화재에 대한 보호와 문화재의 가치를 알리는 지속적인 교육이 필요하다.

⊕ 방법 학교와 매체를 통해 지속적으로 교육을 한다.

■ 한 번에 말해 봅시다

1) 문화재는 우리 과거의 유산이자 예술적, 역사적인 가치를 지니고 있습니다. 문화재는 문화와 역사를 전하는 중요한 매체입니다. 그러나 문화재에 낙서를 하게 되면 그 가치가 손상될 수 있습니다. 공공의 유산에 낙서를 하는 행위는 예술의 표현이 아닌 이기적인 행동입니다. 낙서로 인해 문화재가 손상되거나 훼손되면 역사적인 정보가 실제와 다르게 전달될 수 있기 때문입니다.

2) 문화재를 함부로 손상시키지 않기 위해서는 역사와 문화를 소중히 생각하고, 역사적인 가치를 인정하는 태도가 필요합니다. 문화재에 대한 존중과 보호는 우리 문화의 지속적인 발전과 보존을 위해 매우 중요하기 때문입니다.

3) 이에 문화재에 대한 보호와 문화재의 가치를 알리는 지속적인 교육이 필요합니다. 역사와 문화에 대한 올바른 인식을 가지고 문화재를 존중하고 보호할 수 있도록 학교와 매체를 통해 지속적으로 교육을 해야 한다고 생각합니다.

문화재 관련 어휘

문화재	문화 유산	역사적 가치	역사적 정보	보호하다
보존하다	복구하다	손상시키다	훼손하다	파괴되다
가치를 잃다	낙서하다	존중하다	올바른 인식	소중히 여기다

연습 03 질문을 듣고 자신의 생각을 말해 보세요.

Track 6-05 

주제 생각해 보기

- 멸종 위기의 동물을 보려면 어디로 가야 할까요?
- 동물원에서 어떤 동물을 봤습니까?
- 동물원에 교육적인 목적으로 갔습니까? 오락의 목적으로 갔습니까?
- 동물원에 있는 동물은 야생에서 자유롭게 사는 것이 좋을까요?
- 동물을 우리에 가두는 것이 동물 학대라고 생각합니까?
- 사람들이 동물원에 있는 동물들을 괴롭히는 것을 본 적이 있습니까?
- 동물원에서 동물이 탈출한 사건이 있습니까?
- 동물원에서 질병으로 죽어가는 동물이 많을까요? 노화로 죽어가는 동물들이 많을까요?

개요 구성하기

1) ....?	➡	• 동물원 폐지에 찬성한다.
2) 그 이유는?	➡	• 첫째, 야생에서 자유롭게 살아갈 권리가 있다. ⊕ 근거 우리에 가둬서 사육하는 행위는 동물 학대나 다름없다. • 둘째, ... ⊕ 근거 굶주리거나 전염병에 노출되어 생명을 위협받는다. • 셋째, ... ⊕ 근거 사람들이 던진 물건에 다치거나 사람들이 준 음식으로 병을 얻기도 한다.
3) 의견 정리	➡	• 따라서 ....

한 번에 말해 봅시다

예시

■ 개요 구성하기

1) 동물원 폐지에 대한 나의 입장은? ➡ • 동물원 폐지에 찬성한다.

2) 그 이유는? ➡
• 첫째, 야생에서 자유롭게 살아갈 권리가 있다.
⊕ 근거 우리에 가둬서 사육하는 행위는 동물 학대나 다름없다.
• 둘째, 환경이 좋지 않고 열악한 동물원이 많다.
⊕ 근거 굶주리거나 전염병에 노출되어 생명을 위협받는다.
• 셋째, 볼거리로 제공되어 고통받으며 살아가야 한다.
⊕ 근거 사람들이 던진 물건에 다치거나 사람들이 준 음식으로 병을 얻기도 한다.

3) 의견 정리 ➡ • 따라서, 정서적 고통을 줄이고 야생에서 자유롭게 살기 위해 폐지해야 한다.

■ 한 번에 말해 봅시다

1) 저는 동물원을 폐지하는 것에 찬성합니다.

2) 그 이유는 첫째, 동물은 야생에서 자유롭게 살아갈 권리가 있기 때문입니다. 살고 있는 동물을 생태와 환경이 전혀 다른 곳에 강제 이주를 시킨 후 우리에 가둬서 사육하는 행위는 동물 학대나 다름없습니다. 둘째, 환경이 좋지 않고 관리가 열악한 동물원이 많기 때문입니다. 먹이를 제대로 주지 않아서 갈비뼈가 드러날 정도로 굶주리거나, 비위생적인 환경에서 전염병에 노출되어 생명을 위협받으며 살아가기도 합니다. 셋째, 사람들에게 볼거리로 제공되어 휴식도 없이 사람들의 시선 속에서 고통받으며 살아가야 하기 때문입니다. 사람들이 던진 물건에 다치기도 하고, 사람들이 준 음식으로 인해 병을 얻는 사례도 많습니다. 스트레스를 견디지 못해서 동물원을 탈출한 뉴스도 종종 볼 수 있습니다.

3) 따라서 동물들의 정서적 고통을 줄이고 야생에서 자유롭게 살게 하기 위해서는 동물원을 폐지하는 것이 옳다고 생각합니다.

동물 보호 관련 어휘

동물원	유지하다	폐지하다	동물권	야생
우리에 가두다	견디다	사육하다	학대하다	열악하다
굶주리다	볼거리로 제공되다	전염병에 노출되다	탈출하다	멸종 위기 동물

연습 04 질문을 듣고 자신의 생각을 말해 보세요.

Track 6-07

주제 생각해 보기

- 청소년들은 왜 컴퓨터 게임을 좋아하는 것 같습니까?
- 어른들은 왜 청소년들이 게임을 하는 것을 걱정하는 것 같습니까?
- 여러분 나라에서는 청소년들의 게임 시간을 제한하고 있습니까?
- 장시간 동안 게임을 하면 게임과 현실을 구분하기 어렵다고 생각합니까?
- 여러분 나라에서 청소년들이 게임 속 장면을 모방해서 문제가 된 적이 있습니까?
- 게임 채팅창에서 욕설이나 비난 등으로 상처를 받은 적이 있습니까?
- 게임의 긍정적인 면과 부정적인 면에 대해 이야기하십시오.
- 게임 이외에 청소년들이 즐길 수 있는 활동으로 무엇이 있을까요?

개요 구성하기

1) 게임과 청소년의 폭력성의 연관성이 있어요? → • 공격적인 행동으로 이어질 수 있으므로 연관성이 있다고 생각한다.

2) ....? → • 첫째, ...

⊕ 근거 ....

• 둘째, ...

⊕ 근거 폭력적인 언어에 노출되다 보면 폭력적인 언어를 따라 할 가능성이 높다.

3) ....? → • ....

• 다양한 즐거움을 찾도록 도와야 한다.

한 번에 말해 봅시다

■ 개요 구성하기

1) 게임과 청소년의 폭력성의 연관성이 있어요?	➡	• 공격적인 행동으로 이어질 수 있으므로 연관성이 있다고 생각한다.
2) 걱정하는 이유는?	➡	• 첫째, 청소년들은 외부의 영향을 많이 받는 나이이기 때문이다. ⊕ 근거 게임을 오래하다가 보면 게임과 현실을 구분하는 능력이 저하될 수 있다. • 둘째, 익명에 기대어 언어 폭력을 일삼는 사람들이 많기 때문이다. ⊕ 근거 폭력적인 언어에 노출되다 보면 폭력적인 언어를 따라 할 가능성이 높다.
3) 예방법은?	➡	• 위험성을 알리는 교육이 필요하다. • 다양한 즐거움을 찾도록 도와야 한다.

■ 한 번에 말해 봅시다

1) 폭력적인 게임이 공격적인 생각이나 감정 등을 증폭시킬 수 있으며 공격적인 행동으로 이어질 수 있기 때문에 게임과 청소년의 폭력성이 연관성이 있다고 생각합니다.

2) 게임이 폭력성으로 이어지는 것에 대해 걱정하는 이유는 첫째, 청소년들은 외부의 영향을 많이 받는 나이기 때문입니다. 폭력적인 게임을 오래 접하다 보면 게임과 현실을 구분하는 능력이 저하될 수 있습니다. 심할 경우에는 청소년들이 게임과 현실의 경계를 인지하지 못하여 게임 속 장면을 모방하여 현실에서 범죄를 저지르는 뉴스를 종종 접하기도 합니다. 둘째, 게임의 채팅창에서 익명에 기대어 언어폭력을 일삼는 사람들도 많기 때문입니다. 이렇게 욕설과 폭력적인 언어에 노출되다 보면 폭력적인 언어가 익숙해져서 일상에서도 폭력적인 언어를 사용할 가능성이 높습니다.

3) 이를 예방하기 위해서는 청소년들에게 게임이 폭력성으로 이어질 수 있는 위험성을 알리는 교육이 필요하며, 게임 이외에 운동, 여행, 예술 등 다양한 즐거움을 찾을 수 있도록 도와야 합니다.

게임 관련 어휘

폭력적이다	공격적이다	현실을 구분하다	경계를 인지하다	모방하다
범죄를 저지르다	폭력성	공격성	균형을 유지하다	게임 중독
조절 능력	예방하다	연관이 있다	연관성	뉴스를 접하다

TYPE 06 Training 의견 제시하기

연습 05 질문을 듣고 자신의 생각을 말해 보세요.

Track 6-09

주제 생각해 보기

- 여러분 나라에서는 청소년들이 정치에 관심이 있는 편입니까?
- 몇 살부터 투표를 할 수 있습니까?
- 여러분은 투표를 한 적이 있습니까?
- 투표를 하기 전에 정치인에 대해 찾아 본 적이 있습니까?
- 청소년들에게 투표권을 주는 것에 대해 찬성합니까?
- 청소년들이 정치적으로 올바른 판단을 하기에 자격이 충분하다고 생각합니까?
- 청소년들에게 투표권을 주면 정치적 책임 의식을 키울 수 있을까요?
- 투표를 통해서 자신의 의견을 표현할 수 있다고 생각합니까?

개요 구성하기

1) ....?	➡	• 선거 연령을 하향 조정하는 것에 찬성한다.
2) ....?	➡	• 첫째, ... ⊕ 근거 법적으로 운전면허도 취득할 수 있고 결혼과 군입대도 할 수 있다. • 둘째, ... ⊕ 근거 .... • 셋째, 최근 정치에 자기 목소리를 내어 참여하는 청소년이 늘고 있기 때문이다. ⊕ 근거 다양한 계층의 의견을 반영할 수 있다.
3) 의견 정리	➡	• 따라서 .... 도록 18세 이상으로 하향 조정해야 한다고 본다.

한 번에 말해 봅시다

 예시

Track 6-10

■ 개요 구성하기

1) 선거 연령 하향 조정에 대한 나의 입장은? 
- 선거 연령을 하향 조정하는 것에 찬성한다.

2) 그 이유는?
- 첫째, 18세가 되면 스스로 판단할 수 있는 능력이 있기 때문이다.
  - 근거 법적으로 운전면허도 취득할 수 있고 결혼과 군입대도 할 수 있다.
- 둘째, 약 90% 이상의 국가에서 18세 이상이면 선거권을 부여하기 때문이다.
  - 근거 스스로 정보를 습득하고, 선거에 필요한 지식과 판단력이 충분하다.
- 셋째, 최근 정치에 자기 목소리를 내어 참여하는 청소년이 늘고 있기 때문이다.
  - 근거 다양한 계층의 의견을 반영할 수 있다.

3) 의견 정리
- 따라서 정치적 책임 의식을 키우고 민주주의적 가치를 실현할 수 있도록 18세 이상으로 하향 조정해야 한다고 본다.

■ 한 번에 말해 봅시다

1) 저는 개인적으로 선거 연령을 하향 조정하는 것에 지지하고 찬성합니다.
2) 그 이유는 첫째, 18세가 되면 부모나 교사에게 의존하지 않고 충분히 스스로 판단할 수 있기 때문입니다. 따라서 법적으로 운전면허도 취득할 수 있으며 결혼과 군입대도 할 수 있습니다. 둘째, 전 세계의 약 90% 이상의 국가에서 18세 이상이면 선거권을 부여하고 있기 때문입니다. 인터넷과 신문 매체를 통해 스스로 정보를 습득하고, 수준 높은 교육을 통해 선거에 필요한 지식과 판단력이 충분하다고 생각합니다. 셋째, 최근 정치에 자기 목소리를 내어 참여하려는 청소년들이 늘고 있기 때문입니다. 청소년을 참여시킴으로써 다양한 계층의 의견을 반영할 수 있는 기회가 된다고 봅니다. 18세 이상으로 하향 조정하여 민주주의를 강화하고 정치적 참여를 증가시킬 수 있습니다.
3) 따라서 청소년들에게 정치 참여에 대한 책임 의식을 키울 수 있을 뿐만 아니라 민주주의의 가치를 실현할 수 있는 기회가 되도록 선거 연령을 18세 이상으로 하향 조정해야 한다고 봅니다.

선거 관련 어휘

선거 연령	상향 조정	하향 조정	투표권	정치
의사 표현	의사 결정	의식 교육	판단력	민주주의 가치
법적 책임	정치 참여	교육 강화	의견 반영	목소리를 내다

연습 06 질문을 듣고 자신의 생각을 말해 보세요.

Track 6-11

주제 생각해 보기

- 여러분 나라에서는 사형을 집행하고 있습니까?
- 중범죄자에게 사형을 집행하여 생명을 빼앗는 것이 옳다고 생각합니까?
- 중범죄자가 피해자에게 용서를 구할 기회를 주는 것이 옳다고 생각합니까?
- 여러분 나라에서 사형을 잘못 집행해서 문제가 된 적이 있습니까?
- 사형제도가 있으면 범죄율이 감소할까요?
- 사형제도로 피해자의 억울함을 해소할 수 있을까요?
- 사형제도 이외에 중범죄자를 벌할 방법이 있을까요?
- 중범죄자들을 평생 감옥에서 살게 하는 것이 세금 낭비라고 생각합니까?

개요 구성하기

1) ....에 대한 나의 입장은?	→	• ....
2) 그 이유는?	→	• 첫째, ... 근거 .... • 둘째, ... 근거 .... • 셋째, 범죄자가 용서를 구할 기회를 박탈할 수 있기 때문이다. 근거 사형 대신에 평생 사회가 격리시키는 방법을 도입할 수 있다.
3) 의견 정리	→	• 따라서 ....

한 번에 말해 봅시다

예시

Track 6-12

■ 개요 구성하기

1) 사형제도 폐지에 대한 나의 입장은? → • 사형제도를 폐지하는 것이 바람직하다.

2) 그 이유는? →
- 첫째, 재판 과정에서 부당한 판단이 일어날 수 있기 때문이다.
  - ⊕ 근거 생명을 돌이킬 수 없다.
- 둘째, 국가가 생명권을 빼앗을 권리가 없기 때문이다.
  - ⊕ 근거 사형제도를 폐지함으로써 국민의 인권을 존중하고 개인의 생명권을 보장할 수 있다.
- 셋째, 범죄자가 용서를 구할 기회를 박탈할 수 있기 때문이다.
  - ⊕ 근거 사형 대신에 평생 사회가 격리시키는 방법을 도입할 수 있다.

3) 의견 정리 → • 따라서 중범죄에 대한 증가와 감소에 관계가 없으므로 사형제도가 필요하지 않다고 본다.

■ 한 번에 말해 봅시다

1) 저는 사형제도를 폐지하는 것이 바람직하다고 생각합니다.

2) 사형제도의 폐지를 주장하는 이유는 첫째, 재판 과정에서 부당한 판단이 일어날 수 있기 때문입니다. 아무런 죄가 없는 무고한 사람이 사형 집행으로 생명을 잃은 뒤에 무죄로 밝혀진다면 생명을 돌이킬 수 없습니다. 둘째, 생명권은 개인의 권리이므로 국가가 개인의 생명권을 빼앗을 권리가 없기 때문입니다. 사형제를 폐지함으로써 국민의 인권을 존중하고 개인의 생명권을 보장할 수 있습니다. 셋째, 범죄자가 용서를 구할 기회를 박탈할 수 있기 때문입니다. 교화가 어려운 중범죄자의 경우에는 사형 대신 평생 사회와 격리시키는 방법을 도입하면 됩니다.

3) 사형제도를 통해 범죄율을 낮추는 효과가 입증되지 않았습니다. 따라서 사형제도 집행이 중범죄에 대한 증가와 감소에 영향을 주는 것이 증명되지 않았으므로 사형제도가 꼭 필요하지 않다고 봅니다.

사형제 관련 어휘

사형제도	폐지하다	집행하다	무죄	유죄
중범죄	범인	부당하다	무고하다	용서를 구하다
박탈하다	격리하다	효과가 입증되다	교화하다	생명권을 보장하다

연습 07 질문을 듣고 자신의 생각을 말해 보세요.

주제 생각해 보기

- 여러분 교실에 CCTV가 설치되어 있습니까?
- 교실 안에 CCTV가 있으면 감시당하는 기분이 듭니까?
- CCTV 때문에 행동의 제약을 받습니까?
- CCTV를 설치하면 교실 내 왕따나 폭행을 줄일 수 있다고 생각합니까?
- 교실 내 CCTV 설치가 교사와 학생의 인권을 침해한다고 생각합니까?
- 교실 안에 CCTV가 학생들의 사생활을 침해한다고 생각합니까?
- CCTV가 교사의 자율성을 빼앗는다고 생각합니까?
- CCTV가 학교에서 일어나는 사건 사고의 해결 방안이 될 수 있을까요?

개요 구성하기

1) CCTV 설치의 ....? ➡
- 교실 내에서 일어나는 범죄를 예방할 수 있다.
- ....
....

2) CCTV 설치의 ....? ➡
- ....
....
- 교사들도 표현의 자유와 자주성을 침해받을 수 있다.

3) 나의 의견은? ➡
- 따라서 ....
....

한 번에 말해 봅시다

예시

Track 6-14

■ 개요 구성하기

1) CCTV 설치의 장점은? →
- 교실 내에서 일어나는 범죄를 예방할 수 있다.
- 행동을 조심하고, 사건 사고 영상을 분석하여 사건을 밝히는 데에 도움을 줄 수 있다.

2) CCTV 설치의 단점은? →
- 초상권, 프라이버시권, 행동 자유권을 침해받을 수 있다.
- 교사들도 표현의 자유와 자주성을 침해받을 수 있다.

3) 나의 의견은? →
- 따라서 교실 안에 CCTV를 설치하는 것에 동의하지 않는다.

■ 한 번에 말해 봅시다

1) 먼저 장점에 대해 말해 보자면 CCTV의 설치를 통해 교실 내에서 일어나는 범죄를 예방할 수 있습니다. 또한 불량학생들은 CCTV를 의식하여 행동을 조심할 수 있고, 사건 사고가 일어났을 때 녹화된 영상을 분석하여 사건을 밝히는 데 도움을 줄 수 있습니다. 이와 같이 욕설과 폭행, 절도 등으로부터 학생들을 보호할 수 있는 장점이 있습니다.

2) 반면 모든 학생과 교사들의 행동이 촬영되고 지속적 감시에 의해 초상권과 프라이버시권, 학생들의 행동 자유권을 침해 받을 수 있다는 단점이 있습니다. 그리고 교사들 또한 표현의 자유와 자주성을 침해받아 교육의 질을 떨어뜨릴 우려가 있습니다. 이처럼 학생들의 사생활, 학습 표현의 자유, 교사의 가르칠 자유를 침해받는다면 교실에서 자율성을 존중받기 어렵습니다.

3) 따라서 저는 학생과 교사의 행동이 모두 노출되어 인권과 사생활을 침해할 수 있기 때문에 교실 안에 CCTV를 설치하는 것에 동의하지 않습니다.

CCTV 관련 어휘

CCTV 설치	범죄 예방	사건 사고	영상 분석	증거 자료
사생활 침해	초상권	프라이버시권	자유권	교권 보호
자주성	표현의 자유	노출되다	행동 제약	사생활 존중

연습 08 질문을 듣고 자신의 생각을 말해 보세요.

Track 6-15 

주제 생각해 보기

- 쓰레기 분리수거를 합니까?
- 카페에서 개인 컵을 이용합니까?
- 분리수거를 할 때 플라스틱에 붙어 있는 스티커를 제거합니까?
- 플라스틱 용기를 버릴 때 용기를 깨끗이 씻어서 버립니까?
- 마트에 갈 때 개인 장바구니를 가지고 갑니까?
- 음식을 배달할 때 일회용품 용기를 선택합니까? 다회용품 용기를 선택합니까?
- 텀블러 사용하기, 장바구니 지참하기, 자전거 이용하기 외에 우리가 실천할 수 있는 작은 행동은 무엇일까요?
- 플라스틱 쓰레기가 환경이 오염되고 있는 것에 대해 심각성을 느끼고 있습니까?

개요 구성하기

1) ………………………………? →

- 첫째, ………………………………
  - 근거 쓰레기를 줄일 수 있고 쓰레기 처리 비용을 줄일 수 있다.
- 둘째, ………………………………
  - 근거 재활용으로 분류되지 않는다.
- 셋째, ………………………………
  - 근거 비닐 쓰레기가 분해되기까지 500년이라는 시간이 걸리고 온실가스도 다량 배출된다.

2) ………………………………? →

- ………………………………
- 깨끗한 자연환경을 후손에게 물려줄 수 있다.

한 번에 말해 봅시다

예시

Track 6-16

■ 개요 구성하기

1) 쓰레기를 줄이기 위한 개인적인 실천 방안은? →

- 첫째, 배달 음식을 시킬 때 다회용 용기를 사용한다.
  - ⊕ 근거 쓰레기를 줄일 수 있고 쓰레기 처리 비용을 줄일 수 있다.
- 둘째, 분리수거를 할 때 용기의 스티커를 제거하고 음식 찌꺼기를 닦아야 한다.
  - ⊕ 근거 재활용으로 분류되지 않는다.
- 셋째, 마트에서 장을 볼 때 장바구니를 가지고 다닌다.
  - ⊕ 근거 비닐 쓰레기가 분해되기까지 500년이라는 시간이 걸리고 온실가스도 다량 배출된다.

2) 기여할 수 있는 점은? →

- 환경을 보호하는 데 기여할 수 있다.
- 깨끗한 자연환경을 후손에게 물려줄 수 있다.

■ 한 번에 말해 봅시다

1) 우리나라의 경우 배달 및 커피 문화가 발달하면서 비닐봉지와 일회용 컵 사용량이 기하급수적으로 증가하고 있습니다. 플라스틱 쓰레기를 줄이기 위해서는 첫째, 배달 음식을 시킬 때 다시 사용할 수 있는 다회용 용기를 사용하는 것이 좋습니다. 다회용 용기를 사용하면 일회용품 쓰레기를 줄일 수 있고 쓰레기 처리 비용을 줄일 수 있습니다. 둘째, 재활용을 할 수 있도록 철저히 분리수거를 하는 것이 중요합니다. 분리수거를 할 때는 용기에 붙어 있는 스티커를 제거하고, 음식 찌꺼기를 비우고 깨끗이 닦아야 합니다. 스티커나 음식 찌꺼기 등이 붙어 있으면 재활용으로 분류되지 않기 때문입니다. 셋째, 마트에서 장을 보거나 물건을 살 때에도 비닐봉지를 사용하지 않도록 장바구니를 지참하는 습관을 가지도록 노력해야 합니다. 비닐 쓰레기를 매립하면 분해되기까지 약 500년이 걸리며 다량의 온실가스를 배출하기 때문입니다.

2) 생활 속에서의 작은 실천을 통해 플라스틱 소비를 줄이고 환경을 보호하는 데 기여할 수 있다고 생각합니다. 또한 깨끗한 자연환경을 후손에게 물려줄 수 있습니다.

환경 관련 어휘

플라스틱 쓰레기	비닐 봉지	생수병	테이크아웃용	음료 컵
일회용 용기	다회용 용기	분리수거	재활용	음식물 찌꺼기
장바구니	지참하기	종이 빨대	환경 보호	과대 포장 줄이기

연습 09 질문을 듣고 자신의 생각을 말해 보세요.

Track 6-17

주제 생각해 보기

- 하루에 얼마나 소셜 미디어를 이용합니까?
- 소셜 미디어에서 어떤 모습, 어떤 이야기를 공유합니까?
- 소셜 미디어를 이용하면서 자신과 자신의 삶에 대해 불만을 느낀 적이 있습니까?
- 소셜 미디어를 통해 도움을 받은 적이 있습니까?
- 소셜 미디어로 친구들과 활발하게 소통하는 편입니까?
- 소셜 미디어의 사용 시간을 제한하는 것이 좋을까요?
- 소셜 미디어에 달린 댓글로 인해 상처를 받은 적이 있습니까?
- 오프라인에서 친구 관계를 맺고 유지하는 데 어려움이 있습니까?

개요 구성하기

1) ....? ➡
- 첫째, ...
- 둘째, ...
- 셋째, ...

2) ....? ➡
- 학교나 가정에서 ....
- 사용 시간을 제한, 긍정적인 콘텐츠를 찾아 공유하는 습관을 기르는 것이 중요하다.

한 번에 말해 봅시다

예시

■ 개요 구성하기

1) 소셜 미디어가 청소년에게 미치는 부정적인 영향? ➡
- 첫째, 비현실적인 기준과 자신을 비교하게 된다.
- 둘째, 악의적인 댓글로 자존감 손상, 고립감, 우울증, 자살 생각에 이르게 할 수 있다.
- 셋째, 대면 사회적 상호작용 감소로 이어질 수 있다.

2) 극복하기 위한 방안? ➡
- 학교나 가정에서 올바른 디지털 교육을 하고 청소년들과 꾸준히 소통해야 한다.
- 사용 시간을 제한, 긍정적인 콘텐츠를 찾아 공유하는 습관을 기르는 것이 중요하다.

■ 한 번에 말해 봅시다

1) 소셜 미디어가 청소년에게 미치는 부정적인 영향에 대해 말씀드리겠습니다. 첫째, 청소년들은 인플루언서와 유명인들이 설정한 비현실적인 기준과 자신을 비교하게 됩니다. 그것은 자신의 삶을 불만족스럽게 바라보고 자신의 위치를 불안해하는 결과를 낳을 수 있습니다. 둘째, 악의적인 댓글로 인해 자존감을 손상시킬 뿐만 아니라 고립감, 우울증, 심지어 자살 생각에 이르게 할 수 있습니다. 마지막으로 사회적 상호작용의 감소로 이어질 수 있습니다. 온라인 삶에 집중하여 실생활에서의 상호작용을 할 기회를 멀리할 수 있습니다. 그렇게 되면 디지털 영역 밖에서의 의미 있는 관계를 형성하고 건강한 관계를 유지하는 데 어려움을 겪을 수 있습니다.

2) 청소년들이 소셜 미디어를 안전하고 책임감 있게 사용할 수 있는 능력을 갖추도록 도와야 합니다. 그러기 위해서는 먼저 학교나 가정에서 올바른 디지털 교육을 하고 청소년들과 꾸준히 소통해야 합니다. 또한 청소년들은 사용 시간을 제한하고, 긍정적인 콘텐츠를 찾아서 공유하는 습관을 기르는 것이 중요합니다. 그러면 디지털세계에서 자기를 올바르게 표현함과 동시에 타인과 소통하는 방법을 배울 수 있을 것입니다.

소셜 미디어 관련 어휘

소셜 미디어	인플루언서	비현실적이다	디지털 영역	상호작용
공유	대면	비대면	자존감	고립감
우울증	자기 조절력 강화	긍정적 콘텐츠	책임감	소통 능력

연습 10 질문을 듣고 자신의 생각을 말해 보세요.

Track 6-19

주제 생각해 보기

- 여러분 나라에서는 교실에서 휴대전화를 사용해도 됩니까?
- 교실에서 휴대전화 사용을 금지하는 것은 개인의 자유와 권리를 침해하는 일이라고 생각합니까?
- 교실에서 휴대전화를 사용하면 좋은 점이 많을까요? 나쁜 점이 많을까요?
- 수업 중에 휴대전화가 있으면 학생 간에 소통을 원활하게 할 수 있다고 생각합니까?
- 스마트폰이 있으면 학습 이해에 도움이 된다고 생각합니까?
- 교실에서 휴대전화 사용을 허용하면 수업에 집중하는 것에 어려움이 있다고 생각합니까?
- 학생들이 스마트폰을 이용해서 친구들을 괴롭힐 수 있다고 생각합니까?
- 인터넷 검색, 전자책, 학습 앱 중에서 휴대전화로 가장 많이 하는 것은 무엇입니까?

개요 구성하기

1) ....? →

- 첫째, ...
- 둘째, ...
- 셋째, ...
- 넷째, 과제를 제출한 후 바로 피드백을 받을 수 있으며, 부족한 점을 바로 보완하여 학습 효율을 높일 수 있다.

2) 효과적으로 활용할 수 있는 방안은? →

- ....
....

한 번에 말해 봅시다

예시

Track 6-20

■ 개요 구성하기

1) 교내 휴대전화 사용의 장점은? 

- 첫째, 새로운 교육환경을 조성할 수 있다.
- 둘째, 프로젝트 활동이나 발표 준비를 할 때 사진, 동영상, 음성 녹음 등을 활용해서 창의적으로 창작물을 만들 수 있다.
- 셋째, 위험한 상황, 학교폭력이 발생하면 위험을 빠르게 해결할 수 있다.
- 넷째, 과제를 제출한 후 바로 피드백을 받을 수 있으며, 부족한 점을 바로 보완하여 학습 효율을 높일 수 있다.

2) 효과적으로 활용할 수 있는 방안은?

- 교사, 학부모, 학생이 협력하여 적절한 사용 방법과 규칙을 정하는 것이 중요하다.

■ 한 번에 말해 봅시다

1) 저는 학생들이 교내 휴대전화 사용을 허용하는 것에 긍정적인 입장입니다. 그 이유는 첫째, 휴대전화를 활용하여 새로운 교육환경을 조성할 수 있기 때문입니다. 휴대전화로 인터넷 검색, 전자책, 학습 앱 등을 활용하여 학습 자료를 찾아볼 수 있고, 수업 시간에 궁금했던 부분을 쉬는 시간에 인터넷 검색을 통해서 즉각 해소할 수 있습니다. 둘째, 프로젝트 활동이나 발표 준비를 할 때 사진, 동영상, 음성 녹음 등을 활용해서 창의적으로 창작물을 만들 수 있습니다. 셋째, 수업 중 발생할 수 있는 위험한 상황이나, 학교 폭력이 발생하면 선생님과 부모님께 연락하여 위험을 빠르게 해결할 수 있습니다. 마지막으로, 과제를 제출한 후 바로 피드백을 받을 수 있으며, 부족한 점을 바로 보완하여 학습 효율을 높일 수 있습니다.

2) 휴대전화를 학습 도구로 잘 활용하기 위해서는 교사, 학부모, 학생이 협력하여 적절한 사용 방법과 규칙을 정하는 것이 중요합니다. 사용 가능한 앱의 범위를 정하고 사용 장소와 사용 시간에 규칙을 정한다면 휴대전화를 교육적으로 활용할 수 있을 것입니다.

휴대전화 사용 관련 어휘

금지하다	허용하다	전자책	학습 앱	학습 도구
집중력 저하	학습 효과	해소하다	원활한 소통	학교 폭력
효율을 높이다	보완하다	피드백	범위를 정하다	제한하다

Speak up 실전 연습

01 질문을 듣고 대답하십시오.

❶ 질문을 듣고 메모하십시오.

❷ 70초 동안 대답을 준비하십시오.

❸ 80초 동안 대답을 하십시오.

02 질문을 듣고 대답하십시오.

❶ 질문을 듣고 메모하십시오.

❷ 70초 동안 대답을 준비하십시오.

❸ 80초 동안 대답을 하십시오.

Track 6-23

01

예시

(습관이란 무엇인가) 습관이란 어떤 행동을 일상적으로 반복하는 행위를 말합니다. 습관은 우리의 일상 생활을 결정짓는 중요한 부분입니다.

(행복한 삶을 위해 좋은 습관이 왜 필요한가) 좋은 습관은 우리의 삶을 긍정적으로 변화시키고 행복과 건강한 삶으로 이끌어 줍니다. 하루를 계획적으로 시작할 수 있도록 하며, 규칙적인 식사, 규칙적인 운동, 충분한 수면을 통해 건강한 생활을 유지하는 데 도움을 줍니다. 또한 시간을 효율적으로 사용할 수 있어서 생산성이 향상되며 자기 계발을 통해 자아 실현을 가능하게 합니다. 이처럼 좋은 습관을 형성하면 할 일을 성취할 때마다 만족감이 생기고, 자신에 대한 믿음이 생겨서 행복감을 높일 수 있습니다.

(좋은 습관을 만들기 위해 필요한 노력) 좋은 습관을 만들기 위해서는 명확하고 구체적인 목표를 만드는 것이 중요합니다. 그리고 운동을 하거나 학원에 등록하거나, 인터넷을 꺼두는 등 실천하기 쉬운 환경을 조성하는 것이 필요합니다. 목표가 설정되고 환경이 만들어졌다면 의지력을 가지고 꾸준히 실천하는 것이 중요합니다.

발음 주의: 습관[습꽌], 일상적으로[일쌍저그로], 결정짓는[결쩡진는], 생산성[생산썽], 등록하거나[등노카거나]

따라 읽기: 1회 ☐ 2회 ☐ 3회 ☐ 4회 ☐ 5회 ☐

Track 6-24

02

예시

(세대 간 대화와 소통이 필요한 이유) 세대 간 소통이 부족하면 가정이나 사회에서 구성원 간에 갈등과 불화가 발생할 수 있습니다. 갈등이 생기면 서로를 이해하지 못하는 상황이 발생하고 상호 간의 지지와 협력이 부족해져서 고립되고 외로움을 느낄 수 있습니다. 이와 같이 세대 간 소통은 구성원 간의 평화와 행복을 위해 매우 중요합니다.

(세대 간 대화와 소통을 위해 필요한 것) 세대 간의 갈등을 해소하고 관계를 향상시키기 위해서는 올바른 소통이 필요합니다. 소통을 위해서는 서로 다른 가치관을 존중하고 서로의 관점을 이해하려는 태도가 필요합니다. 소통할 때 자신의 생각과 감정을 솔직하게 표현하되, 칭찬과 격려를 함께 전달하여 상대방을 응원하고 긍정적으로 접근해야 합니다. 세대를 넘어 모두 서로를 이해하고 존중하며, 서로의 관계를 발전시키려는 노력이 필요합니다.

발음 주의: 부족하면[부조카면], 갈등[갈뜽], 협력[혐녁], 관점[관쩜], 솔직하게[솔찌카게] , 격려[경녀]

따라 읽기: 1회 ☐ 2회 ☐ 3회 ☐ 4회 ☐ 5회 ☐

Speak up 실전 연습

Track 6-25

03 질문을 듣고 대답하십시오.

❶ 질문을 듣고 메모하십시오.

❷ 70초 동안 대답을 준비하십시오.

❸ 80초 동안 대답을 하십시오.

Track 6-26

04 질문을 듣고 대답하십시오.

❶ 질문을 듣고 메모하십시오.

❷ 70초 동안 대답을 준비하십시오.

❸ 80초 동안 대답을 하십시오.

03

Track 6-27

예시

(우정이 청소년기에 미치는 영향) 청소년기에 친구 간의 우정은 감정적으로 안정감을 주기 때문에 긍정적인 자아 개념을 형성하고 발달시키는 역할을 합니다. 뿐만 아니라 친구들과의 상호작용을 통해 의사소통 및 대인 관계의 기술을 배우고 발전시킬 수 있으며 다양한 사회적 상황에 적응하는 능력을 성장시킬 수 있습니다.

(진정한 친구가 되기 위해 가져야 할 자세) 진정한 친구가 되기 위해서는 친구를 존중하고 믿어 주는 자세가 필요합니다. 그러기 위해서는 먼저 상대방을 판단하고 비난하지 않아야 합니다. 그리고 상대방의 입장에서 이해하고 인정해 주며 지지해 주어야 합니다. 상대방의 입장을 먼저 생각하고 있는 그대로의 모습을 인정할 때 건강한 관계를 유지할 수 있기 때문입니다. 마지막으로 아무리 가까운 사이여도 적당한 거리를 유지하는 것이 필요합니다. 거리를 유지하는 것은 서로의 공간을 지켜 주고 상대방을 존중하고 배려하는 자세이기 때문입니다.

발음 주의: 발달[발딸], 및[믿], 발전[발쩐], 입장[입짱], 적당한[적땅한]

따라 읽기: 1회 ☐ 2회 ☐ 3회 ☐ 4회 ☐ 5회 ☐

04

Track 6-28

예시

(다문화 사회에서 갈등이 발생하는 이유) 다문화 사회에서 갈등이 빚어지는 원인으로 먼저 언어적 차이를 들 수 있습니다. 언어가 다르기 때문에 일상적인 상황에서 소통이 안 되어 어려움과 갈등이 생길 수 있습니다. 둘째로 서로 다른 문화적 관습과 종교적 가치관으로 인해 갈등이 발생할 수 있습니다. 마지막으로 음식 문화 차이로 인한 갈등입니다. 음식 문화는 역사, 지리, 문화적 배경이 반영되어 서로 다른 특색을 가지고 있기 때문입니다. 이러한 언어적 차이와 문화적 차이는 타 문화 간의 소통과 상호 이해를 어렵게 만들 수 있습니다.

(다문화 사회의 갈등을 해결하기 위한 자세) 다문화 갈등을 해소하기 위해서는 서로 다른 문화를 이해하고 존중하는 자세를 갖는 것이 중요합니다. 그리고 새로운 문화를 배우고 경험하며 편견 없이 받아들이는 개방적인 태도가 필요합니다. 마지막으로 정부와 사회 기관에서 문화권의 사람들의 권리를 보호하고, 소통할 수 있는 교육과 정책을 마련해야 합니다.

발음 주의: 빚어지는[비저지는], 관습과[관습꽈], 반영되어[바녕되어], 특색을[특쌔글], 권리[궐리]

따라 읽기: 1회 ☐ 2회 ☐ 3회 ☐ 4회 ☐ 5회 ☐

Speak up 실전 연습

05 질문을 듣고 대답하십시오.

❶ 질문을 듣고 메모하십시오.

❷ 70초 동안 대답을 준비하십시오.

❸ 80초 동안 대답을 하십시오.

05

예시

(**님비 현상이 나타나는 원인**) 첫째, 공공의 이익과 개인적인 이익 사이에서 나타나는 갈등으로 인해 님비 현상이 발생합니다. 공공의 이익을 위한 시설을 인정하면서도 자신의 생활에 미칠 불편함과 불쾌함을 우려하기 때문입니다. 둘째, 혐오 시설이 들어서면 주변의 부동산 가치가 하락할 수 있다는 우려 때문입니다. 셋째, 주변 환경이 오염되고, 건강에 직접적으로 위협을 줄 수 있다는 불안 때문입니다. 마지막으로, 정보가 부족해서 시설로 인해 미치는 영향을 과대평가하고 확대 해석하기 때문입니다.

(**님비 현상 해결 방안**) 이를 해결하기 위해서는 지역 사회 구성원과 공공시설에 대한 대화와 토론을 활성화하고 의사 결정 과정에 참여할 수 있는 기회를 충분히 마련해야 합니다. 이를 통해 지역 구성원들은 공공시설의 필요성과 영향을 더 잘 이해하게 되고, 정부는 주민들의 우려와 편익을 고려할 수 있습니다. 이와 같은 사회적 대화와 협력을 통해 시설에 대한 오해를 줄이는 것은 물론, 주민들의 의견을 반영하여 우려를 최소화하고 주민들의 건강과 안전을 보장할 수 있을 것입니다.

발음 주의: 원인[워닌], 공공의[공공에], 혐오[혀모], 활성화[활썽화], 편익[펴닉]

따라 읽기: 1회 □ 2회 □ 3회 □ 4회 □ 5회 □

실전 모의고사

제 1회 실전 모의고사

제 2회 실전 모의고사

제 3회 실전 모의고사

- 3회분의 실전 모의고사를 풀어 봅시다.
- 반드시 정해진 시간에 맞춰 말하는 연습을 하십시오.

제 1 회 실전 모의고사

1 질문을 듣고 대답하십시오. 20초 동안 준비하십시오. '삐' 소리가 나면 30초 동안 말하십시오.

문제 듣기 → 준비시간(20초) → 대답(30초)

2 그림을 보고 질문에 대답하십시오. 30초 동안 준비하십시오. '삐' 소리가 끝나면 40초 동안 말하십시오.

문제 듣기 → 준비시간(30초) → 대답(40초)

3 그림을 보고 순서대로 이야기하십시오. 40초 동안 준비하십시오. '삐' 소리가 끝나면 60초 동안 말하십시오.

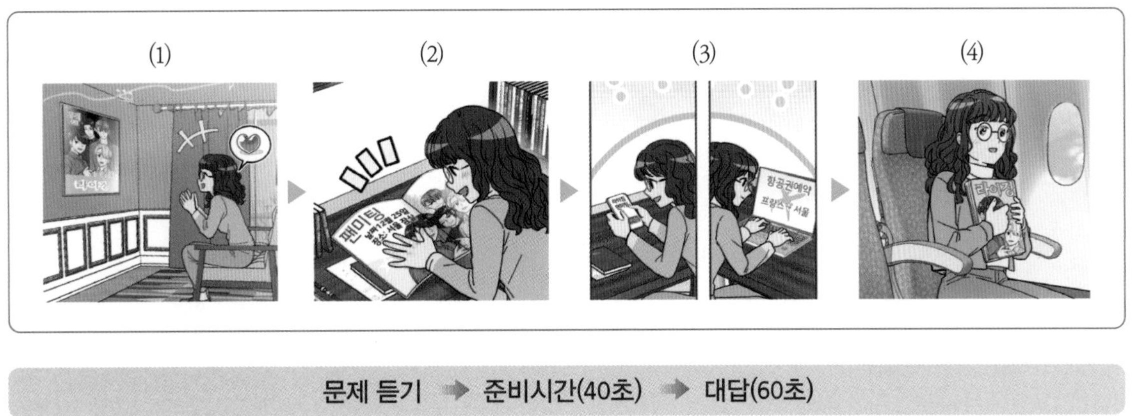

문제 듣기 → 준비시간(40초) → 대답(60초)

4 대화를 듣고 이어서 말하십시오. 40초 동안 준비하십시오. '삐' 소리가 끝나면 60초 동안 말하십시오.

문제 듣기 → 준비시간(40초) → 대답(60초)

5 자료를 설명하고 의견을 제시하십시오. 70초 동안 준비하십시오. '삐' 소리가 끝나면 80초 동안 말하십시오.

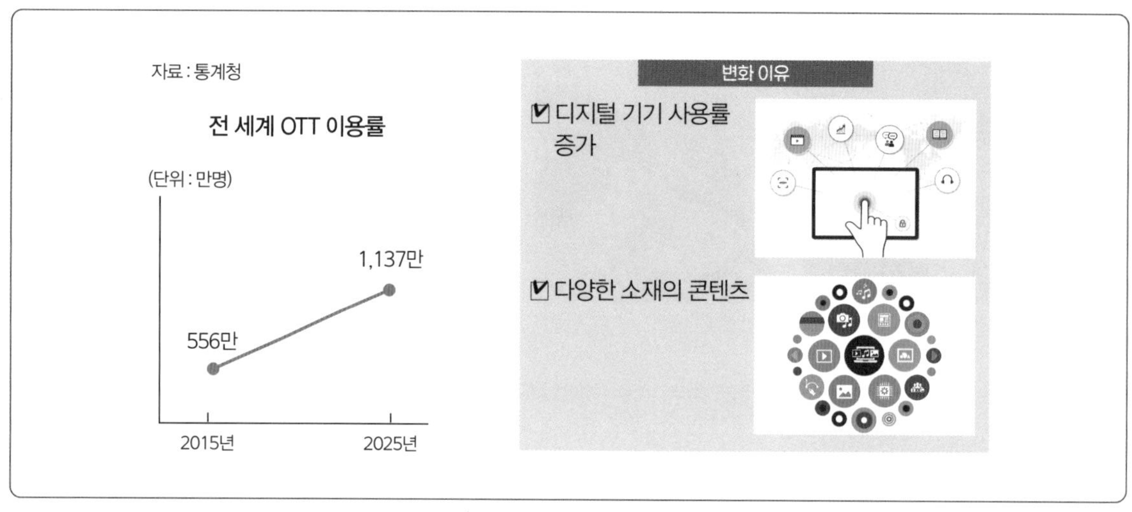

문제 듣기 ➡ 준비시간(70초) ➡ 대답(80초)

6 다음을 듣고 의견을 제시하십시오. 70초 동안 준비하십시오. '삐' 소리가 끝나면 80초 동안 말하십시오.

문제 듣기 ➡ 준비시간(70초) ➡ 대답(80초)

제 2회 실전 모의고사

1 질문을 듣고 대답하십시오. 20초 동안 준비하십시오. '삐' 소리가 나면 30초 동안 말하십시오.

문제 듣기 ➡ 준비시간(20초) ➡ 대답(30초)

2 그림을 보고 질문에 대답하십시오. 30초 동안 준비하십시오. '삐' 소리가 끝나면 40초 동안 말하십시오.

문제 듣기 ➡ 준비시간(30초) ➡ 대답(40초)

3 그림을 보고 순서대로 이야기하십시오. 40초 동안 준비하십시오. '삐' 소리가 끝나면 60초 동안 말하십시오.

문제 듣기 ➡ 준비시간(40초) ➡ 대답(60초)

4 대화를 듣고 이어서 말하십시오. 40초 동안 준비하십시오. '삐' 소리가 끝나면 60초 동안 말하십시오.

문제 듣기 ➡ 준비시간(40초) ➡ 대답(60초)

5 자료를 설명하고 의견을 제시하십시오. 70초 동안 준비하십시오. '삐' 소리가 끝나면 80초 동안 말하십시오.

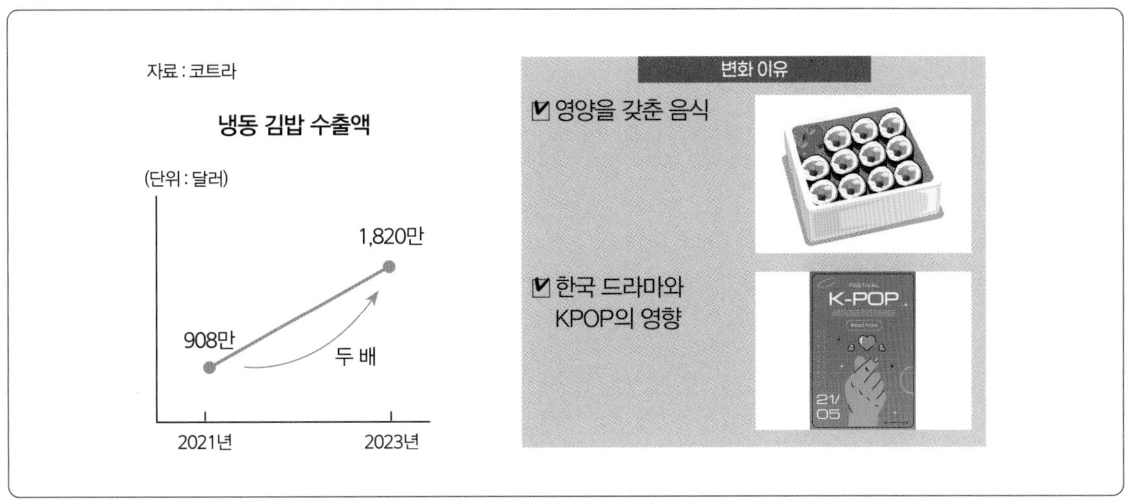

문제 듣기 → 준비시간(70초) → 대답(80초)

6 다음을 듣고 의견을 제시하십시오. 70초 동안 준비하십시오. '삐' 소리가 끝나면 80초 동안 말하십시오.

문제 듣기 → 준비시간(70초) → 대답(80초)

제3회 실전 모의고사

1 질문을 듣고 대답하십시오. 20초 동안 준비하십시오. '삐' 소리가 나면 30초 동안 말하십시오.

문제 듣기 → 준비시간(20초) → 대답(30초)

2 그림을 보고 질문에 대답하십시오. 30초 동안 준비하십시오. '삐' 소리가 끝나면 40초 동안 말하십시오.

문제 듣기 → 준비시간(30초) → 대답(40초)

3 그림을 보고 순서대로 이야기하십시오. 40초 동안 준비하십시오. '삐' 소리가 끝나면 60초 동안 말하십시오.

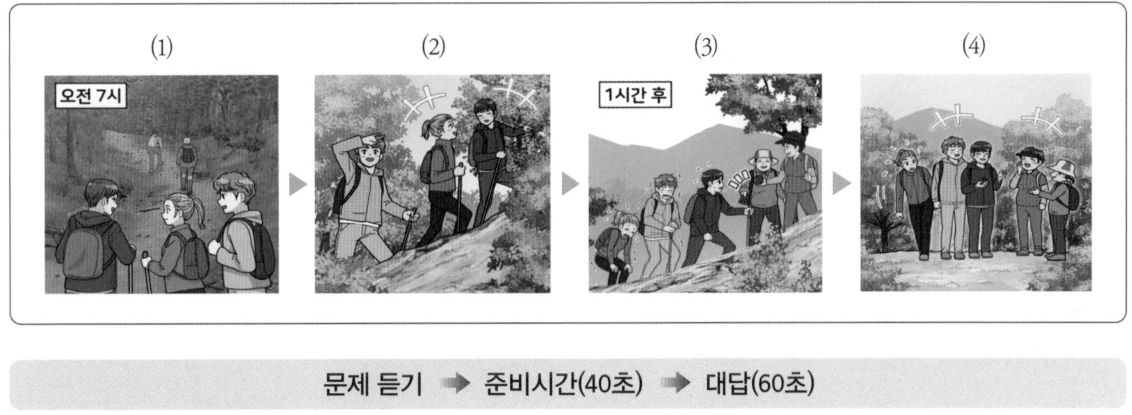

문제 듣기 ➡ 준비시간(40초) ➡ 대답(60초)

4 대화를 듣고 이어서 말하십시오. 40초 동안 준비하십시오. '삐' 소리가 끝나면 60초 동안 말하십시오.

문제 듣기 ➡ 준비시간(40초) ➡ 대답(60초)

5 자료를 설명하고 의견을 제시하십시오. 70초 동안 준비하십시오. '삐' 소리가 끝나면 80초 동안 말하십시오.

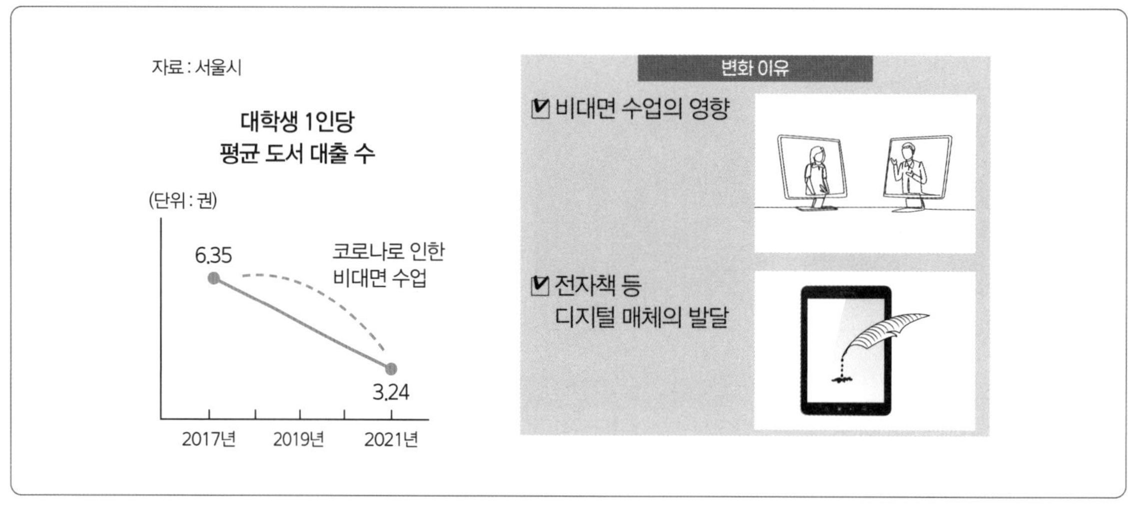

문제 듣기 ➡ 준비시간(70초) ➡ 대답(80초)

6 다음을 듣고 의견을 제시하십시오. 70초 동안 준비하십시오. '삐' 소리가 끝나면 80초 동안 말하십시오.

문제 듣기 ➡ 준비시간(70초) ➡ 대답(80초)

\ 한국어능력시험 /

TOPIK 말하기

부록

유형별 질문 스크립트

유형별 질문 스크립트

유형 1 질문 스크립트

유형 1 Training p. 14

01 질문 고민이 있을 때 어떻게 해요? 고민이 생겼을 때 어떻게 해결하는지 방법을 이야기하세요.

02 질문 자주 쇼핑하는 곳이 어디예요? 그곳은 어떤 곳이에요? 왜 그곳에서 쇼핑하는지 이야기하세요.

03 질문 지금까지 여행한 곳 중에서 가장 기억에 남는 곳이 어디예요? 왜 그곳이 기억에 남는지 이야기하세요.

04 질문 한국어 공부가 끝난 후에 뭘 할 거예요? 왜 그 일을 하려고 해요? 그 일을 하면 어떨 것 같아요? 한국어 공부가 끝난 후의 계획을 이야기하세요.

05 질문 어느 계절을 좋아해요? 왜 그 계절을 좋아해요? 그 계절에는 무엇을 할 수 있어요? 좋아하는 계절에 대해서 이야기하세요.

06 질문 고향 친구에게 무슨 선물을 주고 싶어요? 왜 그 선물을 주고 싶어요? 고향 친구에게 주고 싶은 선물에 대해서 이야기하세요.

07 질문 어떤 집에서 살고 싶어요? 집 근처에 무엇이 있었으면 좋겠어요? 살고 싶은 집에 대해 이야기하세요.

08 질문 친한 친구가 누구예요? 그 친구는 어떤 친구예요? 그 친구를 만나면 무엇을 해요? 친한 친구에 대해 이야기하세요.

09 질문 무슨 음식을 만들 수 있어요? 그 음식은 어떻게 만들어요? 그 음식을 만드는 방법에 대해 이야기하세요.

10 질문 어떤 공연을 보고 싶어요? 왜 그 공연을 보고 싶어요? 보고 싶은 공연에 대해 이야기하세요.

유형 1 Speak up p. 24

01 질문 좋아하는 음식이 뭐예요? 그 음식은 어떤 음식이에요? 좋아하는 음식을 소개하세요.

02 질문 한국에서 어디에 가 보고 싶어요? 왜 그곳에 가고 싶어요? 한국에서 가 보고 싶은 곳에 대해 이야기하세요.

03 질문 고민이 생기면 누구와 이야기를 해요? 왜 그 사람과 고민을 나누는지 이야기하세요.

04 질문 어떤 옷을 사고 싶어요? 왜 그 옷을 사고 싶어요? 사고 싶은 옷에 대해 설명하세요.

05 질문 이번 주말에 계획이 있어요? 무엇을 할 거예요? 주말 계획에 대해 이야기하세요.

06 질문 고향의 날씨는 어때요? 한국의 날씨와 어떻게 달라요? 고향의 날씨에 대해서 이야기하세요.

07 질문 기억에 남는 선물이 있어요? 왜 그 선물이 기억에 남아요? 기억에 남는 선물에 대해서 이야기하세요.

08 질문 요즘 어떤 취미 활동을 하고 있어요? 왜 그 취미 활동을 하나요? 요즘 즐겨하는 취미 활동에 대해 이야기하세요.

09 질문 만나고 싶은 사람이 누구예요? 왜 그 사람을 만나고 싶어요? 만나고 싶은 사람에 대해 이야기하세요.

10 질문 건강을 지키기 위해서 무엇이 중요하다고 생각해요? 건강을 지키기 위한 방법에 대해 이야기하세요.

유형 2 질문 스크립트

유형 2 Training p. 36

01 질문 호텔 예약을 하기 전에 전화로 문의를 하려고 합니다. 직원에게 호텔 이용 방법에 대해 문의하세요.
남자(직원): 행복 호텔입니다. 무엇을 도와 드릴까요?

02 질문 잃어버린 물건을 찾으려고 합니다. 관리실센터 직원에게 어제 오후에 회사 식당에 놓고 간 물건에 대해 이야기하세요.
남자(직원): 네, 행복회사 관리실입니다. 뭘 도와 드릴까요?

03 질문 머리 모양을 바꾸려고 미용실에 갔습니다. 미용사에게 원하는 머리 모양을 이야기하세요.
남자(미용사): 손님, 머리를 어떻게 해 드릴까요?

04 질문 마트에서 신용카드를 잃어버렸습니다. 카드사에 전화를 걸어 카드 분실 신고를 하고 새 신용카드를 만드세요.
남자(직원): 안녕하십니까? 고객님, 무엇을 도와 드릴까요?

05 질문 학교 근처에서 사는 친구와 같이 살고 싶습니다. 그 친구에게 방을 같이 쓰자는 부탁을 하십시오.
남자(부탁을 받은 친구): 어, 민수야, 무슨 일이야?

06 질문 남자와 여자가 교실에서 이야기하고 있습니다. 여자가 남자에게 빌린 책을 가지고 오지 못한 이유를 이야기하세요.
남자(빌려준 친구): 지민아, 내가 빌려준 책 가져왔어?

07 질문 선배와 후배가 학교 복도에서 이야기하고 있습니다. 남자 선배에게 물건을 빌려주지 못하는 이유를 이야기하세요.
남자(선배): 노트북이 고장이 났는데 미안하지만 오늘 하루만 빌려줄 수 있어?

08 질문 거리에서 남자와 여자가 이야기하고 있습니다. 남자에게 가고 싶은 곳을 이야기하세요.
여자(길을 묻는 사람): 서연 대학교에 가고 싶은데 여기서 걸어서 갈 수 있나요?

09 질문 커피숍에서 남자와 여자가 이야기하고 있습니다. 여자의 고민을 듣고 그 고민에 대해서 조언을 하세요.
여자(고민하는 친구): 밤에 핸드폰을 하느라고 자주 늦잠을 자게 되어서 큰일이야.

10 질문 남자와 여자가 화장품 가게에서 이야기하고 있습니다. 고향 친구에게 줄 선물을 추천하세요.
남자(선물을 고민하는 친구): 다음 주에 고향에 돌아가는데 고향 친구에게 선물로 뭘 주면 좋을까?

유형 2 Speak up p. 56

01 질문 토요일에 친구와 만나기로 한 약속을 잊어버렸습니다. 약속 장소에서 기다리는 친구에게 사과를 하세요.
남자(기다리는 친구): 어디야? 나 지하철 역에서 아까부터 기다리고 있는데 안 와서 연락했어.

02 질문 고향 선배가 돈을 빌려 달라고 찾아왔습니다. 친한 선배지만 돈을 빌려주지 않으려고 합니다. 선배의 부탁을 거절하세요.
여자(선배): 미안한데 내가 6개월 동안 일해서 번 돈을 잃어 버렸어. 학비가 부족해서 그런데 빌려줬으면 해서. 혹시 300만 원만 빌려줄 수 있어? 내가 6개월 후에 꼭 갚을게.

03 질문 아파서 병원에 왔습니다. 진료실에서 의사에게 아픈 곳을 자세히 설명하세요.
남자(의사): 어디가 불편하세요?

04 질문 남자가 점심으로 뭘 먹을지 고민하고 있습니다. 고민하는 친구에게 먹을 음식을 추천하고 만드는 방법을 가르쳐 주세요.
남자(고민하는 친구): 냉장고에 먹을 게 없네요. 점심으로 뭘 먹으면 좋을까요?

05 질문 친구가 가족 모임을 하기 좋은 식당을 추천해달라고 합니다. 친구에게 좋은 식당을 추천하세요.
남자(식당을 묻는 친구): 지수야, 다음 달에 가족 모임이 있는데 혹시 가족들이랑 갈 수 있는 식당을 알고 있으면 추천 좀 해 줄래?

06 질문 봉사활동을 신청하려고 주민센터에 와 있습니다. 주민센터 직원의 질문에 대답하세요.
남자(직원): 봉사활동을 하고 싶다고요? 한국어는 잘하세요?

07 질문 세탁소에 와 있습니다. 세탁소 직원에게 찾고 있는 옷을 이야기하세요.
남자(직원): 손님, 이 옷인 것 같은데 맞아요?

08 질문 부동산 소개소에 와 있습니다. 부동산 소개소 직원에게 구하고 싶은 집을 이야기하세요.
남자(직원): 손님, 어떤 집을 찾으세요?

09 질문 경찰서 안에서 두 사람이 이야기를 하고 있습니다. 경찰에게 주운 물건을 이야기하세요.
남자(경찰): 뭘 도와 드릴까요?

10 질문 교실 안에서 두 사람이 이야기를 하고 있습니다. 남자에게 고양이를 맡아 달라고 부탁하세요.
남자(부탁을 받은 친구): 무슨 일이야? 뭐 할 얘기 있어?

유형 3 질문 스크립트

■ 유형 3 Training 2 p. 74

01 질문 제임스 씨는 고향에 가려고 집에서 출발했습니다. 제임스 씨에게 무슨 일이 있었는지 이야기하세요.

02 질문 민수 씨가 가족들과 여행을 갔습니다. 무엇을 했는지 순서대로 이야기하세요.

03 질문 민수 씨는 여자 친구의 생일 선물을 준비했습니다. 민수 씨가 어떻게 했는지 이야기하세요.

04 질문 민수 씨는 오늘 모임이 끝나고 집에 돌아가려고 합니다. 민수 씨에게 무슨 일이 있었는지 이야기하세요.

05 질문 민수 씨가 수영장에 갔습니다. 민수 씨가 무엇을 했는지 이야기하세요.

06 질문 민수 씨가 추석 연휴를 보내고 있습니다. 민수 씨가 연휴를 어떻게 보냈는지 이야기하세요.

07 질문 정국 씨가 인터넷으로 옷을 사고 있습니다. 정국 씨에게 무슨 일이 있었는지 이야기하세요.

08 질문 정국 씨가 친구와 같이 여행을 가기로 했습니다. 정국 씨에게 무슨 일이 있었는지 이야기하세요.

09 질문 정국 씨가 아르바이트를 하려고 합니다. 정국 씨에게 무슨 일이 있었는지 이야기하세요.

10 질문 정국 씨가 다이어트를 하려고 합니다. 정국 씨에게 무슨 일이 있었는지 이야기하세요.

유형 3 Speak up p.84

01 질문 민수 씨가 감기 몸살에 걸려서 누워 있습니다. 민수 씨에게 무슨 일이 있었는지 이야기하세요.

02 질문 민수 씨가 집으로 돌아가고 있습니다. 민수 씨에게 무슨 일이 있었는지 이야기하세요.

03 질문 민수 씨가 학교에 있습니다. 민수 씨에게 무슨 일이 있었는지 이야기하세요.

04 질문 아이가 무인 아이스크림 가게에 갔습니다. 아이에게 무슨 일이 생겼는지 이야기하세요.

05 질문 지수 씨가 오늘 면접을 봅니다. 지수 씨에게 무슨 일이 있었는지 이야기하세요.

06 질문 지수 씨가 미용실에 갔습니다. 지수 씨에게 무슨 일이 있었는지 이야기하세요.

07 질문 지수 씨가 지하철을 기다리고 있습니다. 지수 씨에게 무슨 일이 있었는지 이야기하세요.

08 질문 민수 씨가 학교 운동장에 있습니다. 민수 씨에게 무슨 일이 있었는지 이야기하세요.

09 질문 지수 씨가 친구를 만나러 가고 있습니다. 지수 씨에게 무슨 일이 있었는지 이야기하세요.

10 질문 민수 씨가 방학 때 친구들을 만났습니다. 민수 씨에게 무슨 일이 있었는지 이야기하세요.

유형 4 질문 스크립트

유형 4 Training 3 p.106

01 질문 두 사람이 대학교 무상 급식에 대해서 이야기하고 있습니다. 여자의 마지막 말을 듣고 남자가 할 말로 반대 의견을 말하십시오.

여자: 학교에서 이렇게 천 원만 내고 밥을 먹을 수 있다니 너무 좋아요. 학생들의 반응이 좋아서 정부에서 돈을 안 내고 먹을 수 있도록 무상 급식까지 실시하려고 한대요.

남자: 사실… 저는 대학 식당에서 무상으로 급식을 주는 것에 반대하는 쪽이에요.

여자: 왜요? 학생들이 돈을 내지 않고 밥을 해결할 수 있으면 좋은 거 아니에요?

02 질문 두 사람이 다이어트 약에 대해서 이야기하고 있습니다. 여자의 마지막 말을 듣고 남자가 할 말로 반대 의견을 말하십시오.

여자: 제 친구가 다이어트 약을 먹고 30kg이나 살을 뺐어요. 살을 빼고 취직도 하고 성격도 아주 밝아졌어요. 저도 다이어트 약을 한번 먹어볼까 해요.

남자: 다이어트 하려고 약을 먹는다고요?

여자: 네, 효과가 빨라서 쉽게 살을 뺄 수 있다고 하더라고요. 약을 먹으면서 운동도 같이 하면 건강해질 수 있지 않을까요?

03 질문 두 사람이 카페를 장시간 이용하는 것에 대해서 이야기하고 있습니다. 여자의 마지막 말을 듣고 남자가 할 말로 반대 의견을 말하십시오.

여자: 도서관도 있는데 왜 카페에서 공부하는 걸까요? 방해가 될까 봐 마음대로 이야기도 못하겠어요.

남자: 도서관에서 공부하는 것보다 집중이 잘 되는 거 아닐까요?

여자: 그래도 커피 한 잔 시켜서 저렇게 오래 앉아 있으면 다른 사람이 앉을 수 없잖아요.

04 질문 두 사람이 채식에 대해서 이야기하고 있습니다. 여자의 마지막 말을 듣고 남자가 할 말로 채식의 장점에 대해 의견을 말하십시오.

여자: 채식주의자인 친구가 있는데 고기는 물론 생선까지 먹지 않아서 영양소 부족으로 병이 나지 않을까 걱정이 돼요.

남자: 요즘 건강을 위해 일부러 채식만 하려고 하는 사람들이 많은데 무슨 걱정이에요?

여자: 친구의 가족들도 고기와 생선을 먹지 않거든요. 아이까지도요. 특히 아이의 경우 영양소 부족으로 성장에 방해가 될까 봐 걱정이 되어서요.

05 질문 두 사람이 밀키트 식품에 대해서 이야기하고 있습니다. 여자의 마지막 말을 듣고 남자가 할 말로 장점에 대해 의견을 말하십시오.

여자: 또 밀키트 식품을 사려고요? 너무 자주 사 먹으면 건강에 해로울 텐데...

남자: 요즘 밀키트 식품이 잘 나와서 이렇게라도 밥을 챙겨 먹을 수 있어서 다행이지요.

여자: 그렇기는 하지만 밀키트 식품은 맛도 떨어지고 플라스틱 쓰레기도 늘어서 사 먹지 않으려고 해요.

06 질문 두 사람이 학교 숙제에 대해서 이야기하고 있습니다. 여자의 마지막 말을 듣고 남자가 할 말로 단점에 대해 의견을 말하십시오.

여자: 우리 아이가 초등학교 4학년인데 학교 숙제가 없어서 날마다 놀기만 해요.

남자: 아이는 놀아야지요. 우리 때는 숙제가 참 많았는데 요즘에는 숙제가 많이 없나 봐요?

여자: 네, 숙제가 있어야 예습·복습도 하고 공부 습관도 가질 수 있는데 왜 학교에서 숙제를 없애는 걸까요?

■ 유형 4 Speak up p. 118

01 질문 두 사람이 노키즈존에 대해 이야기하고 있습니다. 여자의 마지막 말을 듣고 남자가 할 말로 반대 의견을 말하십시오.

여자: 어제 아이랑 카페에 가고 싶었는데 노키즈존이어서 아이는 들어갈 수 없다고 했어요. 식당에서도 아이는 안 된다고 하더라고요.

남자: 요즘 노키즈존이 많더라고요.

여자: 카페에 왜 아이들을 못 들어가게 하는지 이해가 안 돼요. 아이들과 갈 곳이 없는 것도 불편하지만 공공장소에서 예절을 배울 기회조차 사라질까 봐 걱정이 돼요.

02 질문 두 사람이 먹방에 대해 이야기하고 있습니다. 여자의 마지막 말을 듣고 남자가 할 말로 반대 의견을 말하십시오.

여자: 요즘 텔레비전이나 인터넷 방송을 켜면 여기저기 먹는 방송이 참 많아요. 맛집을 찾아가거나 연예인들이 직접 요리하는 방송도 많고요.

남자: 그러게요, 요즘은 가수나 배우들도 먹는 방송을 많이 하더라고요.

여자: 먹는 방송을 보면서 자꾸 따라 먹다 보니 살도 찌고 건강도 안 좋아지고 해서 고민이에요. 저녁을 먹은 후에도 방송을 보고 계속 먹게 되는데 어떻게 하면 좋을까요?

03 질문 두 사람이 버드 피딩에 대해 이야기하고 있습니다. 여자의 마지막 말을 듣고 남자가 할 말로 반대 의견을 말하세요.

여자: '버드 피딩'이라는 말을 들어본 적 있어요?

남자: 아, 추운 겨울철에 새에게 먹이를 주는 거 말이지요?

여자: 네, 겨울이 되면 새들이 먹이를 구하기가 어려운가 봐요. 그래서 해외에서는 겨울철에 새들이 먹이를 쉽게 구할 수 있도록 집 베란

다나 나무에 걸어 둔대요. 우리나라에서도 버드 피딩을 할 수 있게 하면 좋지 않을까요?

04 질문 두 사람이 스마트폰 잠금 주머니에 대해 이야기하고 있습니다. 여자의 마지막 말을 듣고 남자가 할 말로 반대 의견을 말하십시오.

여자: 가정에서 스마트폰 잠금 주머니를 사용하는 사람이 많아지고 있더라고요.

남자: 잠금 주머니는 저에게도 꼭 필요해요. 할 일이 많은데 드라마며 영화며 한번 보기 시작하면 멈추기가 힘들거든요.

여자: 그렇지만 가정에서 부모 마음대로 스마트폰을 주머니에 넣어 두는 것은 좋지 않다고 생각해요. 스스로 조절할 수 있는 능력을 키우는 것이 필요하지 않을까요?

05 질문 두 사람이 기내 반려동물 탑승 문제에 대해 이야기하고 있습니다. 여자의 마지막 말을 듣고 남자가 할 말로 반대 의견을 말하십시오.

여자: 얼마 전에 뉴스를 보니까 유명 인플루언서가 비행기 안에서 강아지를 상자 밖으로 꺼낸 일이 있었어요. 사람들이 비난을 많이 했지만 강아지도 비행기 안에서 얼마나 답답하겠어요?

남자: 답답하지요, 그런데 비행기 안에서 반려동물은 상자 안에만 있어야 한다는 규칙이 있잖아요.

여자: 그건 그렇지만 주인이 있으니까 비행하는 동안 자유롭게 놔 두어도 괜찮지 않을까요?

06 질문 두 사람이 '시험을 꼭 쳐야 하는가'에 대해서 이야기하고 있습니다. 여자의 마지막 말을 듣고 남자가 할 말로 반대 의견을 말하십시오.

여자: 요즘 시험 기간이지요? 학생들이 시험 때문에 스트레스를 많이 받겠어요.

남자: 스트레스를 많이 받아도 시험을 보면 자기 자신이 어느 정도의 수준인지 평가할 수 있어서 시험을 치는 게 좋은 것 같습니다.

여자: 그건 맞지만 시험 때문에 자신이 정말 하고 싶은 공부를 못할 때가 있잖아요.

07 질문 두 사람이 '일회용 플라스틱 빨대 사용 금지'에 대해서 이야기하고 있습니다. 여자의 마지막 말을 듣고 남자가 할 말로 반대 의견을 말하십시오.

여자: 내년부터는 카페에서 플라스틱 빨대 사용을 금지한대요.

남자: 잘 됐군요. 플리스틱 빨대 대신에 종이 빨대가 있으니까 그렇게 불편하지는 않을 것 같습니다.

여자: 종이 빨대가 있기는 하지만 종이 빨대는 오랜 시간 음료에 있으면 빨대 모양도 바뀌고 음료의 맛도 떨어지고 해서 불편할 것 같은데요.

08 질문 두 사람이 '청소년의 신조어와 줄임말 사용'에 대해서 이야기하고 있습니다. 여자의 마지막 말을 듣고 남자가 할 말로 반대 의견을 말하십시오.

여자: 세젤예, 얼죽아… 이런 말 들어 본 적이 있어요? 세젤예는 세상에서 제일 예쁜 사람이라는 뜻이래요.

남자: 요즘 젊은 사람들이 왜 그런 말을 쓰는지 모르겠어요. 이런 말을 쓰면 저같이 나이가 좀 있는 사람은 의사소통이 전혀 안 되잖아요.

여자: 신조어나 줄임말을 쓰면 재미있지 않아요? 의사소통도 더 빠르고 친구와의 관계도 더 친밀해지는 느낌이에요.

09 질문 두 사람이 '홈스쿨링의 장단점'에 대해서 이야기하고 있습니다. 여자의 마지막 말을 듣고 남자가 할 말로 반대 의견을 말하십시오.

여자: 지민이가 다음 학기부터 홈스쿨링을 한대요.

남자: 그래요? 홈스쿨링을 하게 되면 부모가 부모의 역할뿐만 아니라 교사로서의 의무와 책임도 지게 되어서 힘들 텐데요.

여자: 그래도 홈스쿨링을 하면 여행이나 여러 가지 활동을 하면서 다양한 경험을 할 수 있어서 좋지 않아요? 아이가 관심이 있어 하는 부분

을 더 깊게 배울 수 있기 때문에 학습 효과가 아주 좋을 것 같아요.

10 질문 두 사람이 'SNS의 장단점'에 대해서 이야기하고 있습니다. 여자의 마지막 말을 듣고 남자가 할 말로 반대 의견을 말하십시오.

여자: 정국 씨도 인스타그램을 하세요? 요즘 SNS 때문에 개인 정보가 유출되어서 문제가 많다고 하던데요.

남자: 그렇기는 한데요. SNS를 하면 정말 다양한 사람들을 접할 수가 있어서 아주 재미있어요.

여자: 그런데 정국 씨, 요즘에 SNS에 중독되어서 정신적으로 건강이 나빠진 사람이 많이 늘고 있대요.

유형 5 질문 스크립트

유형 5 Speak up p. 146

01 질문 뉴스를 듣고 자료에 제시된 사회 현상의 변화를 설명하십시오. 그리고 이러한 현상의 원인과 전망에 대해 말하십시오.

남자: 최근 영화관, 식당, 카페는 물론이고 문구점까지 키오스크를 사용하는 매장이 늘고 있는데요. 키오스크 이용률의 변화를 알아보고 앞으로의 전망에 대해 살펴보겠습니다.

02 질문 뉴스를 듣고 자료에 제시된 사회 현상의 변화를 설명하십시오. 그리고 이러한 현상의 원인과 앞으로의 전망에 대해 말하십시오.

남자: 팬데믹 때 급성장했던 배달앱 사용이 점점 줄어들고 있습니다. 소비자 협회 자료를 통해 배달앱 사용률이 얼마나 변화했는지, 그리고 그 이유는 무엇인지 알아보았습니다.

03 질문 뉴스를 듣고 자료에 제시된 사회 현상의 변화를 설명하십시오. 그리고 이러한 현상의 원인과 앞으로의 전망에 대해 말하십시오.

남자: 은퇴 후에 일하는 노인들이 많아지고 있습니다. 서울경제신문 자료를 통해 노인 취업률이 얼마나 변화했는지, 그리고 그 이유는 무엇인지 알아보았습니다.

04 질문 뉴스를 듣고 자료에 제시된 사회 현상의 변화를 설명하십시오. 그리고 이러한 현상의 원인과 대안에 대해 말하십시오.

남자: 해마다 국내 커피 소비량이 늘고 있습니다. 통계청 발표 자료를 통해 국내 커피 소비량과 커피를 마시는 이유는 무엇인지 알아보겠습니다.

05 질문 뉴스를 듣고 자료에 제시된 사회 현상의 변화를 설명하십시오. 그리고 이러한 현상의 원인과 전망에 대해 말하십시오.

남자: 최근 건강을 생각해서 비건 제품을 찾는 사람이 많아지고 있습니다. 식품안전부 발표 자료를 통해 비건 제품 판매량이 얼마나 변화했는지, 그리고 그 이유는 무엇인지 알아보았습니다.

06 질문 뉴스를 듣고 자료에 제시된 사회 현상의 변화를 설명하십시오. 그리고 이러한 현상의 원인과 전망에 대해 말하십시오.

남자: 최근 가족과 대화하는 시간이 점점 줄어들고 있는데요. 통계청 발표 자료를 통해 하루 평균 가족과 소통 시간이 얼마나 되는지, 그리고 소통 시간이 적은 이유는 무엇인지 알아보았습니다.

07 질문 뉴스를 듣고 자료에 제시된 사회 현상의 변화를 설명하십시오. 그리고 이러한 현상의 원인과 대안에 대해 말하십시오.

남자: 회식의 가장 큰 목적은 직장에서 직원 간의 단합과 원활한 소통입니다. 그렇지만 최근 회식이 업무의 연장이라고 생각하여 회식을 꺼리는 직장인들이 늘고 있습니다. 서울시 자료를 통해 직장 내 회식에 대한 생각과 이유를 알아보았습니다.

08 질문 뉴스를 듣고 자료에 제시된 사회 현상의 변화를 설명하십시오. 그리고 이러한 현상의 원인과 전망에 대해 말하십시오.

남자: 캠핑의 인기가 점점 뜨거워지고 있습니다. 캠핑 인구가 늘어남에 따라 캠핑장도 점점 증가하고 있는데요. 통계청 자료 발표를 통해 캠핑장이 얼마나 늘어났는지, 그리고 그 이유는 무엇인지 알아보았습니다.

09 질문 뉴스를 듣고 자료에 제시된 사회 현상의 변화를 설명하십시오. 그리고 이러한 현상의 원인과 전망에 대해 말하십시오.

남자: 최근에 드론으로 배달 서비스를 시작하는 업체들이 생기고 있습니다. 환경부 자료를 통해 드론 택배 산업 규모가 얼마나 변화했는지 그리고 그 이유는 무엇인지 알아보았습니다.

10 질문 뉴스를 듣고 자료에 제시된 사회 현상의 변화를 설명하십시오. 그리고 이러한 현상의 원인과 전망에 대해 말하십시오.

남자: 중위 연령이란 100명을 나이순으로 나열했을 때 50번째 해당하는 사람의 나이를 말하는데요. 한국에서 중위 연령이 급격히 올라가고 있습니다. 보건복지부 발표 자료를 통해 중위 연령이 어떻게 변화했는지, 그리고 그 이유는 무엇인지 알아보았습니다.

유형 6 질문 스크립트

■ 유형 6 Training p. 158

01 질문 언제 가장 스트레스를 받습니까? 스트레스를 받았을 때 스트레스에 대처하는 방법이 있습니까? 평소 스트레스를 관리하는 자신만의 방법을 소개하십시오.

02 질문 문화재에 낙서를 하는 것에 대해 어떻게 생각합니까? 문화재를 대하는 올바른 태도는 무엇일까요? 문화재를 훼손하지 않고 보존하기 위해서는 어떻게 해야 하는지 자신의 생각을 말하십시오.

03 질문 동물원에 방문해 본 적이 있나요? 동물원 폐지에 대해 어떻게 생각합니까? 왜 그렇게 생각합니까? 동물원의 폐지에 대해 찬성과 반대의 입장을 정해서 자신의 의견을 정리하여 말하십시오.

04 질문 게임과 청소년의 폭력성이 연관이 있다고 생각합니까? 청소년기에 폭력적인 게임을 반복적으로 접하게 되면 폭력적으로 변하게 된다고 걱정하는 사람들이 많습니다. 이에 대해 걱정하는 이유와 예방법을 말하십시오.

05 질문 현재 19세 이상으로 규정하고 있는 선거 연령을 18세 이상으로 하향 조정하자는 의견이 많은데요, 선거 연령 하향 조정에 대해 찬성과 반대의 입장을 정해서 그 이유와 의견을 말하십시오.

06 질문 사형제도를 없애자는 주장이 늘고 있습니다. 실제로 사형제도를 폐지한 나라도 많습니다. 사형제도의 폐지에 대해 어떻게 생각합니까? 자신의 입장을 정하고 그 이유와 의견을 말하십시오.

07 질문 교실 내에 CCTV를 설치하는 것에 대해 어떻게 생각합니까? 교실 내 CCTV 설치에 대해 장점과 단점에 대해 말하고 자신의 의견을 말하십시오.

08 질문 일상에서 자주 사용하는 배달 용기와 포장 비닐, 빨대, 플라스틱 등으로 인해 지구 환경은 심각한 수준으로 오염되고 있습니다. 플라스틱 쓰레기를 줄이기 위해 개인적으로 실천할 수 있는 방안에 대해 세 가지 이상 말하고 기여할 수 있는 점을 간단히 이야기하십시오.

09 질문 페이스북, 인스타그램, X와 같은 소셜 미디어는 청소년들의 삶의 필수적인 부분이 되었습니다. 소셜 미디어가 청소년에게 미치는 부정적인 영향에 대해 말하고 극복하기 위한 방안을 말하십시오.

10 질문 최근 초중고등학교에서 수업에 방해가 된다는 이유로 휴대전화 사용을 금지하고 있는데요, 휴대전화를 허용하는 입장에서 휴대전화 사용의 장점과 교내에서 휴대전화를 효과적으로 사용하는 방안에 대해 말하십시오.

■ 유형 6 Speak up p. 178

01 질문 좋은 습관은 삶의 목적을 이루는 데 도움이 됩니다. 습관이란 무엇입니까? 그리고 행복한 삶을 위해 좋은 습관이 왜 필요하고 좋은 습관을 만들기 위해 어떤 노력이 필요한지 자신의 생각을 말하십시오.

02 질문 서로 다른 연령대 사이에서 의견이 맞지 않거나 오해가 쌓여서 갈등이 발생하기도 합니다. 세대 간의 대화와 소통이 필요한 이유를 설명하고 세대 간의 올바른 대화와 소통을 위해 어떤 노력이 필요한지 자신의 생각을 말하십시오.

03 질문 친구는 오랫동안 관계를 맺으며 가까이 지낸 사람입니다. 이렇게 친구와 친밀하게 지내면서 쌓이는 정을 우정이라고 하는데 우정이 청소년기에 미치는 영향과 진정한 친구가 되기 위해 가져야 할 자세는 무엇인지 자신의 생각을 말하십시오.

04 질문 다문화 사회가 되면서 우리는 다양한 문화를 가진 사람들과 함께 살아가고 있습니다. 다문화 사회에서 갈등이 발생하는 이유를 설명하고 다문화 사회의 갈등을 해결하기 위해서 어떠한 자세를 가져야 하는지 자신의 생각을 말하십시오.

05 질문 님비 현상은 개인이나 지역 공동체가 자신의 생활 영역 근처에 쓰레기 처리장이나 화장장처럼 불편하거나 불쾌한 시설이 들어서는 것을 반대하는 태도를 나타냅니다. 님비 현상이 나타나는 원인과 해결 방안에 대해 자신의 생각을 말하십시오.

실전 모의고사
답안 예시

제 1 회 실전 모의고사 답안 예시

1

질문

운동을 좋아하세요? 왜 그 운동을 좋아하세요? 좋아하는 운동에 대해 이야기하세요.

예시

저는 축구, 농구, 테니스 등 많은 운동을 좋아하지만 특히 달리기를 좋아해요. 보통 일주일에 세 번 정도 달리기를 하러 공원에 가요. 집 근처에 있는 공원에서 운동을 하는데 거기는 사람들이 운동할 수 있는 공간이 있어서 운동하기가 매우 좋아요. 보통 아침에 일어나서 운동을 하는데 아침에 운동을 하면 기분이 정말 상쾌한 데다가 체중도 줄일 수 있어서 아주 좋아요.

2

질문

남자가 외국인 친구에게 선물을 하려고 합니다. 남자에게 추천하는 선물을 이야기하세요.

남자: 외국인 친구가 이번 주에 생일인데 무슨 선물을 하면 좋을까요?

예시

선물을 받을 사람이 외국인이에요? 그럼 텀블러는 어때요? 커피나 차를 좋아하는 친구라면 텀블러도 괜찮을 것 같은데요. 게다가 텀블러에 한글이 쓰여 있어서 한국의 전통적인 느낌이 나서 좋을 것 같아요. 가격도 부담스럽지 않아서 괜찮을 것 같아요. 예쁘게 포장해서 편지와 함께 주면 아주 좋아할 테니까 이걸로 하세요.

3

질문

여자가 비행기를 타고 있습니다. 여자에게 무슨 일이 있었는지 이야기하세요.

예시

K-POP 프로그램을 보다가 '라이징'이라는 가수를 보게 되었어요. 가수의 춤과 노래를 보고 첫눈에 반했어요. 노래가 너무 좋아서 라이징 앨범을 사서 날마다 들었어요. 라이징을 직접 만나 보고 싶어졌어요. 그래서 크리스마스에 서울에서 하는 라이징 팬미팅에 가기로 했어요. 팬미팅을 신청하고 비행기표를 예매했어요. 드디어 한국에 가는 날이에요. 라이징을 직접 본다고 생각하니까 떨리고 긴장이 돼요.

4

질문

두 사람이 학교 숙제에 대해서 이야기하고 있습니다. 여자의 마지막 말을 듣고 남자가 할 말로 반대 의견을 말하십시오.

여자: 지민이는 어디에 갔어요?

남자: 도서관에 숙제하러 갔어요. 학교에서 왜 이렇게 숙제를 많이 주는지 모르겠어요. 숙제 때문에 자기가 하고 싶은 공부를 못하는 것 같아요.

여자: 그래도 숙제가 있어야 공부를 하는 습관을 가질 수 있고 시험을 볼 때도 도움이 될 것 같은데요.

예시

숙제가 많으면 좋은 점도 있긴 하지만 대부분의 학생들은 숙제를 하는 것이 목표가 되어서 모르는 문제를 고민하면서 해결하려고 하지 않아요. 그리고 숙제를 한다고 해서 공부를 하는 습관을 가질 수 있는 건 아닌 것 같아요. 오히려 숙제가 너무 많으면 스트레스를 받을 수 있어요. 그리고 숙제에 지나치게 많은 시간을 쓰면 휴식이나 취미 활동을 위한 자유 시간도 가질 수 없고요. 숙제를 완전히 없애기보다는 숙제의 양을 조절하면서 학생들이 효율적으로 공부할 수 있도록 도와줘야 한다고 생각해요.

5

질문

뉴스를 듣고 자료에 제시된 사회 현상의 변화를 설명하십시오. 그리고 이러한 현상의 원인과 전망에 대해 말하십시오.

남자: OTT란 인터넷으로 영화, 방송, 음악 등 다양한 디지털 콘텐츠를 수신하는 방식을 말하는데요. 최근 TV 방송보다 넷플릭스, 디즈니플러스 등 OTT를 이용하는 사람들이 늘고 있습니다. 통계청 자료를 통해 OTT 이용률이 얼마나 변화했는지, 그리고 그 이유는 무엇인지 알아보았습니다.

예시

통계청 발표에 따르면 OTT 이용률은 2015년에 556만 명에서 2025년에는 1,137만 명으로 약 두 배 이상 증가하였습니다. 이렇게 OTT 사용률이 급증한 이유는 첫째, 디지털 기기를 많이 사용하기 때문입니다. 예전에는 드라마는 TV로, 영화는 영화관에서만 볼 수 있었습니다. 그러나 최근에는 휴대전화, 아이패드, 노트북 등을 이용해서 내가 원하는 콘텐츠를 언제 어디서나 볼 수 있습니다. 둘째, OTT는 콘텐츠가 매우 다양하기 때문입니다. 공중파에서 볼 수 없었던 여러 나라의 드라마, 다큐멘터리 등 신선하고 다양한 소재의 콘텐츠를 볼 수 있습니다. 앞으로 OTT의 이용률은 꾸준히 증가할 것으로 보입니다. 왜냐하면 스마트폰 사용 여건은 더욱 편리해지고 있으며 OTT 시장의 콘텐츠 경쟁으로 지금보다 더 수준 높은 영상들이 나올 것으로 보이기 때문입니다.

6

질문

농촌의 고령화와 일손 부족이 문제가 되고 있습니다. 농촌의 인구 감소가 생기는 이유와 이를 극복하기 위한 방안에 대해 말하십시오.

예시

농촌 인구가 감소하는 이유는 첫째, 도시에 비해 양질의 일자리가 부족하고 소득이 불안정하기 때문입니다. 청년 인구는 소득이 높고 안정적인 일자리를 찾아 도시로 이동하게 되고, 농촌은 청년 일손이 줄고 고령층만 늘어서 일손 부족의 어려움을 겪고 있습니다. 둘째, 교육 환경이 열악하여 학습 환경, 교육의 기회, 학업 성취도 등에서 도시와 큰 격차가 나기 때문입니다. 농촌은 학교뿐만 아니라, 학생을 가르치는 교원이 충분하지 않으며, 문화 시설, 체육 시설 등이 부족하여 교육의 불평등을 겪을 수밖에 없습니다.

이를 극복하기 위해서는 청년들이 농촌으로 진출할 수 있도록 일자리를 제공하고, 농업을 경영하며 농촌에서 생활할 수 있는 지원 프로그램을 마련하는 것이 시급합니다. 그리고 교통 인프라를 개선하여 농촌과 도시 간의 접근성을 높여야 합니다. 마지막으로, 교육시설을 확대하고 문화 시설을 확충해서 교육의 격차를 줄이고 농촌 생활의 편의를 향상시킨다면 농촌 문제를 해결하는 데 기여할 수 있을 것입니다.

제2회 실전 모의고사 답안 예시

1

질문

여러분의 고향에 친구가 오면 추천하고 싶은 곳이 있어요? 그곳은 어떤 곳이에요? 고향에서 추천하고 싶은 곳에 대해서 이야기하세요.

예시

Track 8-07

친구가 고향에 오면 우리 집 근처에 있는 호수를 추천하고 싶어요. 호수가 아주 크고 예뻐서 여행객들에게도 인기가 많아요. 호수에서 배를 타고 경치를 보면 아주 아름다워요. 호수를 보면서 자전거를 타는 것도 재미있어요. 호수 근처에 멋있는 카페도 많아서 친구가 아주 좋아할 거예요.

2

질문

전자 제품 수리센터에 전화를 하고 있습니다. 무슨 문제가 생겼는지 직원에게 이야기하세요.

남자: 안녕하세요? 행복 수리 센터입니다. 무엇을 도와 드릴까요?

예시

Track 8-08

안녕하세요? 텔레비전은 켜지는데 텔레비전 소리가 안 들려서 전화 드렸어요. 화면도 안 나오고요. 그리고 화면이 계속 까매요. 리모콘으로 채널을 돌려도 채널이 바뀌지 않아요. 아무래도 고장이 난 것 같아요. 불편해서 빨리 고치고 싶은데 고장 신고를 하면 언제쯤 고칠 수 있을까요?

3

질문

남자가 공원 앞에서 누군가를 기다리고 있습니다. 남자에게 무슨 일이 있었는지 이야기하세요.

예시

Track 8-09

요즘 날씨가 좋아서 공원에서 자주 산책을 해요. 그런데 산책을 하다 보니까 공원에 의자를 들고 와서 쉬는 사람이 많았어요. 그 모습을 보니까 저도 공원에서 앉을 수 있는 의자가 사고 싶어졌어요. 그래서 집에 오자마자 중고마켓에서 의자를 찾아봤어요. 중고마켓에 오천 원짜리 의자가 있었어요. 바로 의자를 파는 사람에게 연락을 했어요. 1시간 뒤에 공원 앞에서 만나서 돈을 주고 의자를 받았어요. 싸서 걱정했는데 깨끗하고 튼튼해서 기분이 좋았어요.

4

질문

두 사람이 다이어트 약에 대해서 이야기하고 있습니다. 여자의 마지막 말을 듣고 남자가 할 말로 반대 의견을 말하십시오.

여자: 살이 정말 많이 빠지셨네요

남자: 네, 세 달 동안 약을 먹으면서 운동도 했더니 살이 많이 빠졌어요.

여자: 다이어트 약을 먹었다고요? 부작용이 많을 텐데 괜찮을까요?

예시

다이어트 약에 대해서 대부분의 사람들이 부정적인데요. 꼭 그렇지만은 않아요. 요즘에는 다이어트 약이 잘 나와서 오히려 도움이 돼요. 다이어트를 시작하면 이것저것 많이 먹고 싶어지는데 그런 식욕이 생기지 않게 도와줘요. 그래서 스트레스도 덜 받게 되고요. 게다가 다이어트 약을 먹으면서 운동을 같이 하면 단시간에 살을 뺄 수 있어서 자신감도 얻고 좋아요.

5

질문

뉴스를 듣고 자료에 제시된 사회 현상의 변화를 설명하십시오. 그리고 이러한 현상의 원인과 전망에 대해 말하십시오.

남자: 최근 미국에서 냉동 김밥의 인기가 급증하고 있습니다. 코트라를 통해 냉동 김밥의 수출액이 얼마나 되는지, 그리고 그 이유는 무엇인지 알아보았습니다.

예시

코트라 발표에 따르면 냉동 김밥의 수출액이 2021년에 908만 달러에서 2023년 1,820만 달러로 약 두 배 이상 올랐습니다. 이렇게 냉동 김밥의 수출액이 오른 이유는 첫째, 다른 냉동식품에 비해 영양을 모두 갖춘 음식이기 때문입니다. 다양한 채소를 저렴한 가격에 먹을 수 있다는 점이 폭발적인 인기를 얻은 것으로 보입니다. 둘째, 한국 드라마와 케이팝의 영향 때문입니다. 한국 드라마의 주인공이나 케이팝 스타들이 김밥을 먹는 모습을 보고 맛보고 싶어 하는 사람이 늘고 있습니다. 앞으로 냉동 김밥의 수출액은 더 올라갈 것으로 보입니다. 한국 문화에 대한 인기가 여전하고 건강을 위해 채식이나 글루텐 프리를 찾는 사람들이 많아지고 있기 때문입니다.

6

질문

최근 청소년들이 자주 듣는 노래 가사에 욕설이 들어가는 것을 흔히 볼 수 있습니다. 이에 대해 어떻게 생각합니까? 욕설이 들어간 노래 가사가 청소년들에게 어떠한 영향을 미치는지 말하고, 자신의 의견을 말하십시오.

예시

건전한 노래 가사는 청소년들에게 자신의 감정을 공감하고 경험을 공유하는 건강한 수단이 될 수 있습니다. 청소년들은 노래를 감상하며 행복감을 느끼고, 노래에 담긴 가사를 통해 자신의 감정을 이해하고 쌓인 감정을 표출해 낼 수 있습니다. 그렇지만 욕설이나 선정적인 내용이 포함되어 있는 가사는 청소년들에게 부정적인 영향을 줄 수 있습니다. 욕설이나 부적절한 내용은 청소년들의 부정적인 감정과 행동을 강화시키고 이를 모방할 위험이 있습니다. 이런 노래 가사에 익숙해지다 보면 욕설을 사용하는 데 거리낌이 없어지고, 부적절한 가치관을 가지게 되어 잘못된 행동으로 이어질 수 있습니다. 따라서, 저는 노래 가사에 욕설이 포함되는 것에 대해 부정적인 입장을 가지고 있습니다.

제 3회 실전 모의고사 답안 예시

1

질문

지금 어디에 살고 있어요? 어떻게 그곳에 살게 되었어요? 지금 살고 있는 집에 대해 이야기하세요.

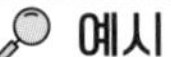

예시

제가 살고 있는 곳은 성수동이에요. 공원에서 산책하는 것을 좋아해서 서울숲 근처에서 살게 되었어요. 지하철역도 가깝고 조용해서 좋아요. 예쁜 가게도 많고요. 방이 세 개, 화장실이 한 개, 부엌이 있는 셰어하우스에서 살아요. 집도 깨끗하고 요리도 할 수 있어서 아주 편해요.

2

질문

남자가 병원에 왔습니다. 아픈 증상을 의사에게 설명하세요.

여자 : 어디가 불편하신가요?

예시

어젯밤부터 열이 심하게 나는 데다가 머리도 아프고 콧물이 줄줄 흘러요. 그리고 날씨는 더운데 너무 춥고 몸이 덜덜 떨려요. 무엇보다 기침이 계속 나서 너무 불편해요. 자면서도 계속 기침이 나서 잠을 잘 수 없었어요. 목이 쉬어서 목소리도 안 나오고요. 어떻게 하면 좋을까요?

3

질문

남자가 주말에 산에 갔습니다. 남자에게 무슨 일이 있었는지 이야기하세요.

예시

주말에 어학당 친구들과 함께 등산을 했어요. 아침 7시인데도 사람들이 꽤 많았어요. 설레는 마음으로 친구들과 이야기하면서 산에 오르기 시작했어요. 공기가 맑고 시원해서 좋았어요. 1시간 정도 올라가니까 땀이 나고 힘들어졌어요. 옆에서 올라가시던 아주머니께서 과일과 초콜릿을 주면서 응원해 주셨어요. 모르는 사람이 음식을 나눠 줘서 놀라고 당황스러웠어요. 그렇지만 한국 아주머니들이 한국말도 가르쳐 주시고 재미있는 말씀도 많이 해 주셔서 즐겁게 다녀왔어요.

4

질문

두 사람이 채식에 대해서 이야기하고 있습니다. 여자의 마지막 말을 듣고 남자가 할 말로 반대 의견을 말하십시오.

여자: 요즘에는 채식하는 사람이 많아진 것 같아요.

남자: 제 친구 중에도 채식하는 친구가 있는데 고기는 물론 계란, 생선까지 먹지 않아서 건강이 걱정돼요.

여자: 걱정하지 않아도 돼요. 최근에는 고기를 대체할 수 있는 음식이 많이 있어서 영양은 물론 비만까지 예방할 수 있거든요.

예시

채식을 하면 좋은 점이 있긴 한데 뭐든지 균형을 갖추는 것이 가장 좋은 것 같아요. 육식도 많이 먹으면 문제가 되겠지만 양질의 단백질을 어느 정도 먹어 줘야 건강한 몸을 유지할 수 있어요. 노인이나 어린아이가 채식을 할 경우 근육량이 줄어들거나 면역력이 약해질 수 있잖아요. 오히려 채식을 하면서 담배를 피우거나 술을 마시는 사람도 있는데, 건강을 위해서 채식을 한다면 건강에 해로운 것부터 끊는 게 중요한 것 같아요. 그리고 환경 보호를 위해서 채식을 하는 사람도 있는데 굳이 채식을 하지 않아도 환경을 보호할 수 있는 방법은 많이 있다고 생각해요.

5

질문

뉴스를 듣고 자료에 제시된 사회 현상의 변화를 설명하십시오. 그리고 이러한 현상의 원인과 전망에 대해 말하십시오.

남자: 최근 대학생들이 책을 가까이 하지 않는다고 합니다. 서울시 자료를 통해 대학생 1인당 평균 도서 대출 현황을 살펴보고 그 원인과 대책에 대해 알아보겠습니다.

예시

서울시 발표에 따르면 대학생의 1인당 평균 도서 대출 수가 2017년에 6.35권에서 2021년에 3.24권으로 계속 감소하고 있습니다. 이렇게 대학생들의 도서 대출이 감소하는 이유는 첫째, 코로나로 인한 비대면 수업의 영향이 큰 것으로 보입니다. 대학교에서 비대면 수업이 실시됐던 2019년과 2020년 사이에 감소폭이 크게 나타났기 때문입니다. 둘째, 전자책 등 디지털 매체의 발달도 영향이 있는 것으로 보입니다. 인터넷, 스마트폰과 같은 디지털 기기가 확산되면서 굳이 종이책을 이용해서 정보를 얻을 필요가 없어졌기 때문입니다. 접근이 용이한 전자책을 선호함에 따라 도서 대출 수는 계속 줄어들 것으로 전망됩니다. 디지털 매체가 익숙한 학생들의 습성을 반영해 다양한 장르의 전자책을 보급할 필요가 있습니다.

6

질문

혼밥, 혼술이 일상적인 문화로 자리를 잡았는데요, 이러한 문화의 원인과 특징을 설명하십시오.

예시

혼밥과 혼술 문화가 확산되고 자리를 잡은 원인으로 첫째, '1인 가구의 증가'를 들 수 있습니다. 결혼이 필수가 아닌 선택이라 생각하는 인식이 높아짐에 따라 비혼 가구가 늘고 있으며, 청년들이 일자리를 찾아 도시로 이동하여 나홀로 생활하는 인구가 늘었기 때문입니다. 둘째, 음식 배달 서비스가 발달하여 굳이 식당이나 술집에 가지 않아도 원하는 음식을 먹을 수 있게 되었기 때문입니다. 마지막으로, 식당에서 혼밥을 즐길 수 있도록 1인 메뉴가 등장하고, 마트 등에서 즉석밥, 도시락, 1인 식기 등 다양한 상품들이 개발되고 출시되고 있는 것도 이러한 문화의 원인 중 하나입니다.

혼밥, 혼술 문화는 다른 사람을 신경 쓰지 않고 개인의 공간과 시간을 우선으로 존중하는 개인주의적 특징이 있습니다. 이는 다른 사람의 시선이나 평가에 대한 불안과 압박에서 벗어나서, 자유롭게 자신만의 방식을 추구하는 특징이 반영된 결과입니다. 메뉴를 결정하고 음식을 먹고 계산하기까지 타인의 영향 없이 스스로 결정할 수 있으며, 그 모든 과정에서 겪는 갈등과 에너지를 단축할 수 있는 장점이 있습니다. 이를 추구하는 인구가 늘면서 자연스럽게 혼밥, 혼술 문화는 긍정적인 문화로 자리 잡게 되었습니다.

MEMO

MEMO